MW01712775

FRANCE

Photo de couverture
Le viaduc de Millau
Photographie prise le 9 mai 2006
© Eiffage CEVM / Foster & partners / D. Jamme.

ISBN : 978-2-11-006941-2

Ministère des Affaires étrangères et européennes

FRANCE

La Documentation française

Sommaire

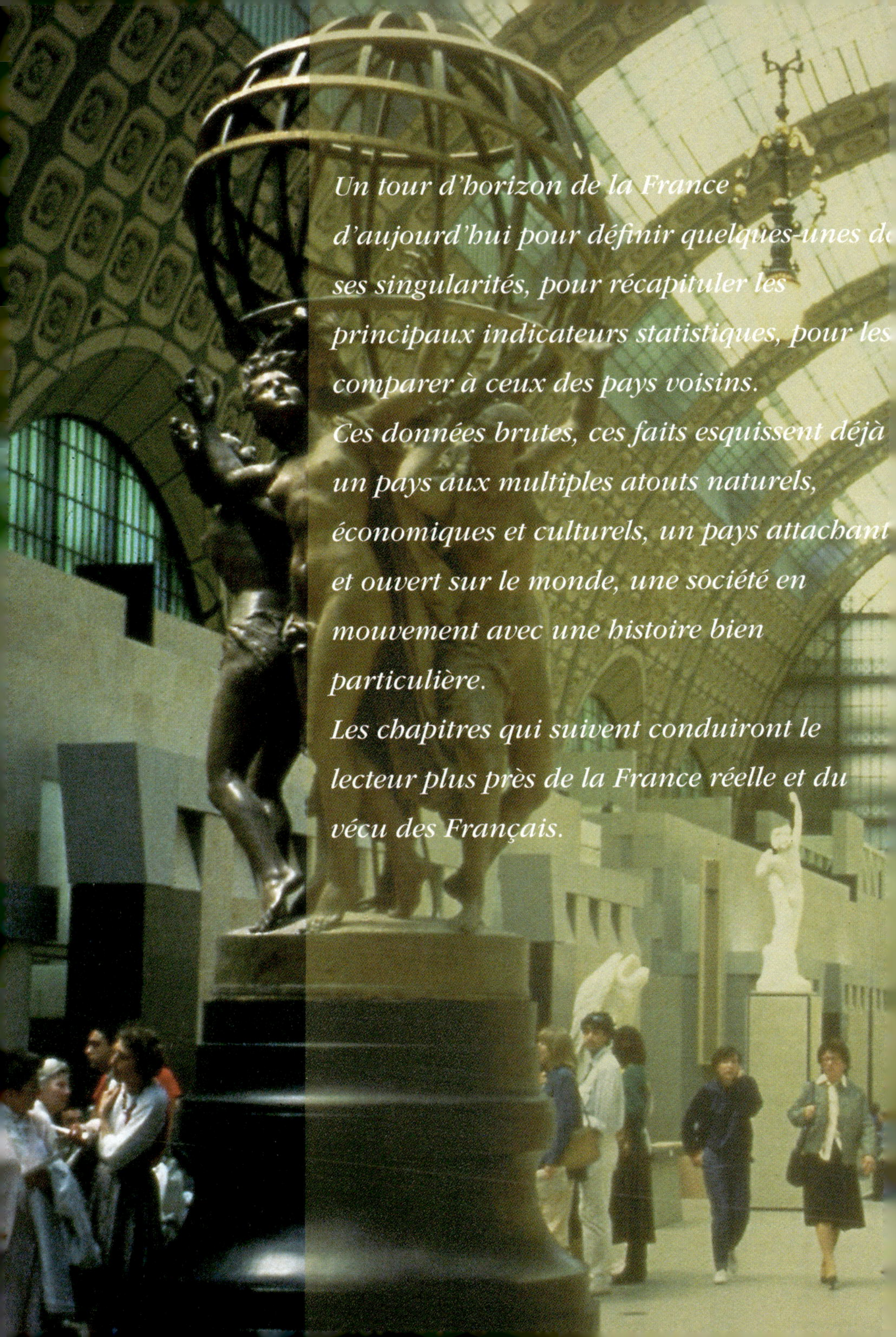

Un tour d'horizon de la France d'aujourd'hui pour définir quelques-unes de ses singularités, pour récapituler les principaux indicateurs statistiques, pour les comparer à ceux des pays voisins.

Ces données brutes, ces faits esquissent déjà un pays aux multiples atouts naturels, économiques et culturels, un pays attachant et ouvert sur le monde, une société en mouvement avec une histoire bien particulière.

Les chapitres qui suivent conduiront le lecteur plus près de la France réelle et du vécu des Français.

1

Voici la France

Le territoire

Superficie : 632 834 km^2, dont 543 965 en métropole et 88 969 pour les départements d'outre-mer (DOM).

Fleuves : cinq grands fleuves coulent totalement ou partiellement sur le territoire français : la Loire, 1 012 km ; le Rhin, français sur 150 km (1 320 au total) ; la Garonne, 575 km ; la Seine, 776 km ; le Rhône, 812 km.

Littoraux : 7 000 km.

Parmi les sites littoraux les plus célèbres, côté Manche : les falaises d'Étretat, le mont Saint-Michel (3,5 millions de visiteurs par an) ; côté Atlantique : la Pointe du Raz (plus de 1 million) et la dune du Pilat ; côté Méditerranée : les calanques de Cassis et le golfe de Saint-Tropez (massif des Maures) ; la côte d'Azur, Nice, Cannes (massif de l'Estérel).

Montagnes : deux massifs anciens : le Massif central et les Vosges ; trois chaînes alpines : les Alpes, le Jura et les Pyrénées.

Climat : tempéré, océanique et méditerranéen, vents d'ouest dominants.

Population : 63,8 millions au 1er janvier 2008. Au deuxième rang de l'Union européenne, après l'Allemagne (82,3 millions) et devant le Royaume-Uni et l'Italie.

L'agglomération de Paris, avec 10 millions d'habitants, est la plus peuplée de l'Union européenne (avant Londres) ; viennent ensuite *ex aequo* Lyon et Marseille-Aix-en-Provence avec 1,350 million d'habitants ; puis Lille avec 1,1 million.

Les divisions administratives

L'administration du territoire français, traditionnellement centralisée, a été profondément modifiée par les lois de décentralisation votées en 1982-1983.

Depuis, l'État partage une partie de ses prérogatives, notamment économiques et culturelles, avec les collectivités territoriales.

Les collectivités territoriales sont :

- les régions (22 en métropole et 4 outre-mer). Les régions les plus vastes : Midi-Pyrénées et Rhône-Alpes (plus de 40 000 km^2) ; la plus peuplée : l'Ile-de-France (11 millions d'habitants), loin devant Rhône-Alpes ;

- les départements (96 en métropole et 4 outre-mer) ;

- les communes (36 778).

Le système politique

Régime parlementaire bicaméral : le Sénat (343 sénateurs) et l'Assemblée nationale (577 députés).

C'est le président de la République, élu pour cinq ans, qui nomme le Premier ministre, chef du gouvernement. Nicolas Sarkozy, sixième Président de la Ve République, a été élu le 6 mai 2007.

Le vote légal, à tous les degrés, locaux, national et européen, est fixé à 18 ans.

Hymne national : La Marseillaise.

Fête nationale : le 14 juillet, célébré pour la première fois en 1792, est le jour de la prise de la prison royale de la Bastille par les révolutionnaires en 1789.

La République française est un État laïque. Le principe de laïcité est inscrit dans la Constitution. Il implique la liberté de conscience et de culte, l'égalité de tous devant la loi quelle que soit la religion, ainsi que la liberté et la neutralité de l'enseignement.

La France et le monde

Union européenne : la France est membre fondateur du Marché commun, de la CEE et de l'Union européenne. Elle n'a cessé d'œuvrer à la concrétisation d'institutions européennes, à la construction d'un espace économique intégré et puissant, et à la recherche de positions diplomatiques communes. Elle assume la Présidence de l'Union européenne au deuxième semestre 2008.

Coopération internationale : la France est membre permanent du Conseil de sécurité et des autres organismes de l'ONU. À ce titre, elle participe aux actions de maintien de la paix et aux opérations en faveur des droits de l'homme dans le monde.

Aide au développement : la France soutient les différents programmes de l'ONU dans ce domaine, lutte contre la pauvreté (PNUD), protection des enfants (UNICEF), lutte contre les drogues (PNUCID). Elle privilégie l'aide bilatérale. L'aide publique au développement en 2007 s'est élevée à 9,1 milliards d'euros, soit 0,5 % du PIB français (objectif pour 2012 : 0,7 %).

Action humanitaire : la Délégation à l'action humanitaire du ministère des Affaires étrangères et européennes coordonne les interventions d'urgence à l'étranger et anime un partenariat avec les ONG urgentistes.

Échanges culturels : la France entretient 144 établissements culturels à l'étranger ainsi qu'un réseau de 283 établissements de l'Alliance française. Campus France facilite le partenariat entre les universités françaises et étrangères, attire les étudiants étrangers et les aide pendant leur séjour en France. Une antenne de la Sorbonne a été ouverte à Abu Dhabi.

Langue française : plus de 200 millions de personnes parlent français dans le monde. Le français est l'une des deux langues de travail à l'ONU, la seule langue universelle des services postaux, la langue principale de l'Union africaine. Son usage dans le monde est entretenu au sein d'un réseau de plus de 440 établissements scolaires de tous niveaux dans 135 pays. Ces derniers accueillent au total 250 000 élèves français et étrangers.

Audiovisuel : la présence française à l'étranger, déjà assurée par la chaîne francophone TV5 Monde et RFI (Radio France Internationale), a été renforcée et enrichie depuis décembre 2006 par France 24, chaîne d'information internationale en français, arabe, anglais, bientôt en espagnol, et diffusée dans 90 pays (Europe, Proche et Moyen-Orient, Afrique).

L'économie

PIB : la France est la cinquième puissance mondiale en termes de PIB – 1 792 milliards d'euros en 2006. En Europe, elle se place au troisième rang derrière l'Allemagne et le Royaume-Uni.

La croissance est essentiellement portée par le secteur du bâtiment et travaux publics (BTP) et par les services. Les données de 2007 indiquent un fléchissement.

La France est la première puissance agricole d'Europe et les revenus par actif agricole ont plus augmenté que dans l'ensemble du secteur marchand.

Si le poids de l'industrie de la France est inférieur à celui de ses trois grands voisins européens, plusieurs groupes industriels français figurent parmi les leaders mondiaux dans leur spécialité : par exemple Peugeot, Renault, Saint-Gobain, Michelin, L'Oréal, Air liquide...

Les gains de productivité ont été particulièrement importants depuis quinze ans dans le secteur des biens d'équipement électriques et électroniques.

La grande distribution s'est développée de manière intensive à l'international. Carrefour est devenu le numéro deux mondial de la distribution, derrière l'Américain Wal-Mart.

Dans la construction et les concessions enfin, le groupe Vinci est leader mondial.

Exportations : la France occupe, dans ce domaine, la deuxième position en Europe, avec 386 milliards d'euros en 2006 (derrière l'Allemagne, son partenaire privilégié) et la deuxième position dans le monde (derrière les États-Unis) pour les produits agroalimentaires, valeur sûre du commerce extérieur français. Mais elle commence à perdre des parts de marché face aux pays émergents.

La balance commerciale reste cependant très déficitaire : – 29 milliards d'euros.

IDE : avec 58 milliards d'euros en 2006, le montant des investissements directs étrangers est en hausse constante. La France est le troisième pays d'accueil des IDE dans le monde, avec tous les avantages induits sur l'emploi.

Entreprises : les capitalisations boursières placent en tête du CAC 40, principal indicateur boursier de la place de Paris, des entreprises comme Total et EDF, puis des banques et compagnies d'assurance (BNP-Paribas, Axa, Suez, la Société générale), un groupe sidérurgique comme Arcelor-Mittal. La France souffre de la faiblesse du secteur des petites et moyennes entreprises, important en Allemagne et en Italie notamment.

Dette publique : 63,9 % du PIB en 2006.

Inflation : 2,8 % en 2007 (moyenne de la zone euro : 3,1 %).

La population et le niveau de vie

• Les indicateurs démographiques placent la France au-dessus de la moyenne européenne.

Structure par âge : 24,7 % de la population a moins de 20 ans, 21,3 % plus de 60 ans.

Espérance de vie : 77,5 ans pour les hommes (dans la moyenne européenne) ; 84,4 ans pour les femmes (deux ans de plus que la moyenne européenne).

Taux de fécondité : 198 enfants pour 100 femmes.

Retraites : âge moyen de départ : 58,8 ans (moyenne UE à 25 : 60,9 ans).

• Les indicateurs de revenus et d'activité placent la France dans la bonne moyenne européenne.

PIB/hab. : 28 356 euros. Pour un indice de 100 dans l'Union européenne à 27, le PIB/hab. est de 112,8 pour la France, de 118,1 pour le Royaume-Uni, de 113,5 pour l'Allemagne.

Temps de travail hebdomadaire effectif : 35,9 heures en 2007 (Allemagne : 35,8 ; Royaume-Uni : 35,7).

Taux d'activité : 63 % (dans la moyenne UE, le Danemark 75,8 %).

Taux de chômage : un peu plus de 8 % en 2007 (UE à 25 : 8,7 %).

SMIC horaire brut : 8,44 euros.

SMIC mensuel pour 35 heures hebdomadaires : 1 280 euros depuis le 1er juillet 2007.

Salaire moyen brut : 2 440 euros.

Écart des revenus : 3,45 entre les 10 % des ménages les plus et les moins aisés (UE à 15 : 3,42).

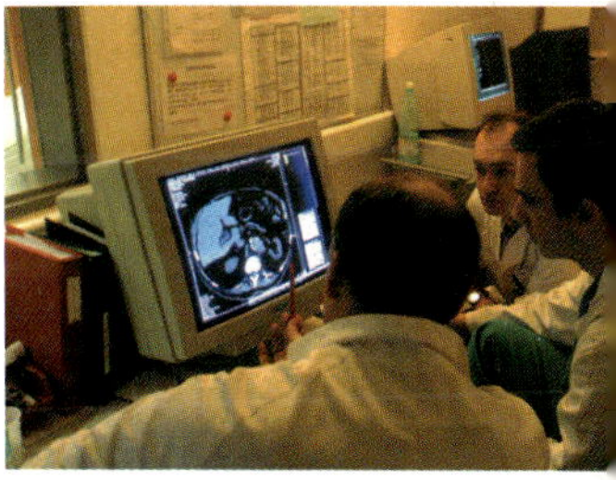

La protection sociale

Le système de protection sociale français est l'un des plus performants au monde. Ses dépenses représentaient 31,2 % du PIB en 2004 (UE à 25 : 27,3 pour une structure globale similaire).

Il recouvre : le paiement des retraites, les dépenses de santé (la CMU, couverture médicale universelle, est en place depuis 2000), la prévention de l'exclusion sociale (le RMI pour une personne seule est de 447,91 euros au 1er janvier 2008), les indemnités de chômage, les prestations familiales, l'aide au logement.

Le système éducatif

Une particularité du système français est la possibilité de scolariser les enfants dès l'âge de 2 ans (école maternelle).

La scolarité est obligatoire de 6 à 16 ans. 62 % des jeunes obtiennent le baccalauréat et 40 % d'une classe d'âge un diplôme supérieur. Le cycle secondaire est celui qui mobilise la plus grosse dotation par élève.

La France compte 2,2 millions d'étudiants (Allemagne : 2 millions), deux fois plus qu'en 1980.

La distinction entre les universités, ouvertes à tous, et les grandes écoles, accessibles sur concours, est une autre spécificité française.

On compte, au total, 160 sites universitaires sur le territoire.

Les frais d'inscription dans les universités sont peu élevés (entre 50 et 500 euros par an).

Les diplômes délivrés au cours du cursus universitaire classique sont la licence, le master, le doctorat (LMD).

L'enseignement supérieur absorbe 1,5 % du PIB français.

La recherche

La DIRD, dépense interne de recherche et développement, a été de 38 milliards d'euros en 2006, soit 2,26 % du PIB, financés à hauteur de 52,5 % par le budget de l'État. Celui-ci assure le fonctionnement de tous les grands organismes de recherche. La part de la recherche financée par les entreprises, essentiellement de la recherche appliquée, est de 47,5 %.

Dépôt de brevets : 13 000 par an environ (6e place mondiale).

Les principaux organismes de recherche : le CNRS pour toutes les disciplines, le CEA pour la recherche nucléaire, l'INSERM pour la recherche médicale, l'INRA pour la recherche agronomique, l'INRIA pour la recherche en informatique, etc., auxquels s'ajoutent les Unités mixtes de recherche (UMR) des 85 universités, avec 53 000 enseignants-chercheurs.

La culture

Politique culturelle : la France entretient un riche patrimoine monumental, artistique et littéraire. Il existe un ministère des Affaires culturelles depuis 1959. Il encourage la création par une politique d'aides de toutes sortes. Cette politique d'État a été relayée dès les années quatre-vingt dans les régions, et jusque dans les plus petites municipalités. Cela participe largement à la bonne tenue du secteur du tourisme, pour lequel la France continue d'occuper la première place mondiale. En Europe et à l'OMC, la France soutient une conception non marchande de la création artistique – l'exception culturelle.

Musées nationaux : 13 millions d'entrées en 2005 ; en tête le musée du Louvre (8,3 millions de visiteurs en 2007), le château de Versailles et le musée d'Orsay. Les expositions temporaires des galeries nationales du Grand Palais à Paris attirent 1,2 million d'amateurs d'art par an.

Monuments historiques : 2 400 ouverts à la visite.

Livre : 65 700 titres édités en 2005 (par 290 maisons d'édition).

Cinéma : 174 millions d'entrées enregistrées en 2005.

Presse : plusieurs titres de la presse et chaînes de la radio et de la télévision, c'est une spécificité française, appartiennent à de puissants groupes industriels (Lagardère, Bouygues, Dassault).

Au sein de la presse quotidienne payante : *Ouest France*, avec 761 000 exemplaires, est le quotidien le plus diffusé, suivi de *L'Équipe*. Mais des journaux comme *Le Monde, Le Figaro, Les Échos* ou *Libération* occupent une position particulière dans le paysage médiatique français.

Le succès de la presse magazine est une autre originalité française : *TéléZ* est diffusé à 7 millions d'exemplaires et la presse féminine se porte bien. *Elle* est diffusé dans pas moins de 44 pays !

Internet : 55 % des foyers français disposaient d'un micro-ordinateur en 2007, presque tous équipés en haut débit ; quatre Français sur dix sont des utilisateurs réguliers de l'Internet.

Pour en savoir plus

- **http://www.elysee.fr**

Site officiel de la présidence de la République

- **http://www.premier-ministre.gouv.fr**

Portail du gouvernement français

http://www.diplomatie.gouv.fr

Site du ministère des Affaires étrangères et européennes

- **http://www.minefe.gouv.fr**

Portail du ministère de l'Economie, des finances et de l'emploi

- **http://www.travail-solidarite.gouv.fr**

Site du ministère du travail, des relations sociales et de la solidarité

- **http://www.education.gouv.fr**

Site du ministère de l'Education nationale

- **http://www.culture.gouv.fr**

Portail de la culture

- **http://www.vie-publique.fr**

Découvrir les institutions et l'actualité de la vie publique française

- **http://www.insee.fr**

Site de l'Institut National de la Statistique et des Etudes Economiques

- **http://www.tourisme.fr**

Site de la Fédération nationale des offices du tourisme et des syndicats d'initiative

Découvrir la France par son territoire, quoi de plus naturel ?
La place qu'occupe Paris dans le cœur des Français, comme sur la carte des transports frappe tous les visiteurs étrangers. Elle résulte d'une gestion du territoire millénaire qui, par souci de cohérence nationale et d'équité, a conféré à la capitale un pouvoir éminent dans ce domaine.
Depuis les lois de décentralisation, à peine plus d'un quart de siècle, « les collectivités territoriales s'administrent librement par des conseils élus ». Le périmètre de leurs compétences s'accroît. Les communes, les départements, les régions prennent le relais de l'État pour soutenir, à leur mesure, des projets tant économiques que culturels. Chacune, chacun, veut affirmer son dynamisme et ses singularités. L'étonnante diversité du territoire s'en trouve renforcée. Et l'opposition Paris-Province est moins vive que naguère.

2

Le territoire

Page précédente :
Littoral de la mer Méditerranée dans le département de l'Hérault.

Place de la Concorde, le centre du centre
La Fontaine des Fleuves, conçue à la gloire de la navigation fluviale par Jean Hittorf et inaugurée en 1840, l'obélisque de Louqsor, érigé ici en 1836 ; au fond le Palais-Bourbon, siège de l'Assemblée nationale.

La place de la Concorde a été conçue au XVIIIe – et achevée au XIXe siècle – comme le symbole du territoire français. La place est un ovale dont les deux centres sont occupés par deux fontaines représentant l'une les fleuves, l'autre les mers. Au pourtour se trouvent les statues allégoriques de huit villes des confins du pays : Lille, Rouen, Brest, Nantes, Bordeaux, Lyon, Marseille, Strasbourg.

L'image est celle de Paris, la capitale, commandant un territoire organisé par les quatre fleuves : Seine, Loire, Garonne, Rhône, entouré de la mer du Nord, de l'Atlantique et de la Méditerranée, et limité à l'est par le Rhin, fleuve barrière sur lequel se trouve Strasbourg, ville frontière d'une province disputée entre l'Allemagne et la France.

Une image de la centralité et de l'unité du territoire

Cette première image correspond à la représentation que les Français ont longtemps gardée de leur territoire : un hexagone (on dit encore couramment «l'Hexagone») ouvert sur le monde par la navigation maritime, mais fermé par des frontières naturelles : le pré carré fortifié par Vauban pour protéger le territoire des anciens ennemis héréditaires maritime (l'Angleterre) et terrestre (l'Allemagne). Depuis le partage de l'empire de Charlemagne en 843, les rois de France et le Saint Empire romain germanique n'ont eu de cesse de parvenir au contrôle du Rhin. La Lotharingie a fait les frais de cette lutte millénaire qui s'est prolongée jusqu'au XXe siècle.

La centralisation qui caractérise l'organisation du territoire français et sa gestion est un héritage monarchique. Les rois capétiens ont progressivement organisé leur domaine en contrôlant les fleuves, la Seine et la Loire d'abord, puis la Saône et le Rhône. En choisissant Paris comme capitale au détriment de Lyon, la capitale des Gaules, ils l'ont fait basculer vers le nord et Paris a peu à peu accaparé le rôle de carrefour des routes commerciales. La conquête progressive des provinces de l'ouest et du sud a renforcé le centralisme parachevé par la monarchie absolue.

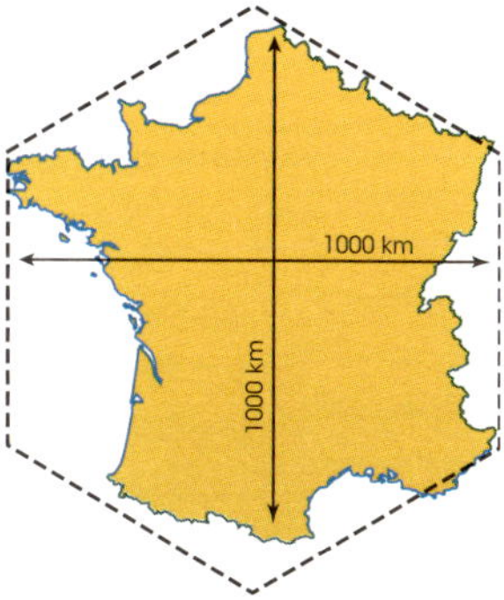

L'Hexagone, synonyme et symbole de la France
La France continentale tient dans un polygone à six côtés. Cette figure géométrique affirme l'unité du territoire, mais ne dit rien de sa diversité et de son ouverture sur l'Europe et sur le monde.

Le temps du pré carré

À la fin du règne de Louis XIV, (XVIIe s.), le territoire est parfaitement clos. Trois cent trente places fortes, installées sur les frontières continentales et les littoraux, ceinturent le territoire et assurent la défense du «pré carré du roi» – l'expression est de l'ingénieur Vauban, commissaire général aux fortifications, qui a réalisé ce programme. Beaucoup de ces citadelles, en parfait état, restent inscrites dans le paysage, Lille, Blaye, Oléron, et beaucoup d'autres.

La citadelle de Besançon verrouille la vallée du Doubs. Les aménagements intérieurs – une vaste place d'armes pour rassembler les troupes et les bâtiments dédiés aux services de l'armée : intendance, arsenal, hôpital, église, attestent l'importance accordée à la gestion des armées dans ce dispositif frontalier.

Au même moment, le territoire intérieur tend à devenir un espace civil : les remparts des villes sont peu à peu transformés en promenades.

La France administrative

96 départements et 22 régions en métropole. 4 DOM et ROM outre-mer.
Impossible, à cette échelle, de cartographier, l'unité territoriale de base, la commune – 36 778 communes.
Difficile également de matérialiser les statuts divers et évolutifs des collectivités d'outre-mer.
(Polynésie française, Nouvelle-Calédonie, Mayotte).

Calvi *(Haute-Corse).*

La Révolution n'a pas remis en question cette structure forte. Au contraire, elle l'a accentuée. Au temps de la Révolution, le jacobinisme s'est opposé aux partisans du fédéralisme qui se sont disqualifiés en se compromettant avec les ennemis extérieurs. La conception qui a prévalu a été celle d'un État unitaire et centralisé, à la différence des pays voisins (Espagne et Royaume-Uni, mais aussi bien sûr, Suisse, Allemagne et Italie). L'égalité juridique a été le principe de base du traitement territorial. Au nom de l'égalité, les particularismes provinciaux ont été réduits, y compris les langues régionales.

Le découpage départemental s'est alors substitué aux provinces (en 1792). Pour rompre avec le passé, chaque département, ou presque, a pris le nom d'une rivière (Dordogne, Mayenne, Saône-et-Loire) ou d'une montagne (Jura, Vosges); tous ont approximativement la même superficie et le chef-lieu se trouve au centre (à une journée de cheval). Ce traitement égalitaire n'a jamais été démenti, pas même par la création tardive des régions, et le sentiment d'appartenance des Français à leur département est au moins aussi fort que celui qui les lie aux provinces et à leur folklore. L'administration départementale est complémentaire de celle des communes. Ce sont les deux échelons de la démocratie locale qui ont en charge la gestion des besoins les plus concrets des populations (routes, équipements scolaires, sportifs, culturels, aides sociales).

Diversité des rivages

Falaises d'Étretat *(côte normande).*

Cette conception égalitaire n'empêche nullement un traitement hiérarchique du territoire. Chaque niveau a des compétences spécifiques et l'ensemble est hiérarchisé. À l'État, revient la charge des grands réseaux (autoroutes, routes nationales, chemins de fer de niveau national, aéroports internationaux, ports), des grands équipements (universités, grandes écoles, organismes de recherche, musées nationaux, etc.). Les réseaux et les équipements de niveau inférieur, routes départementales et réseau ferré régional par exemple, relèvent de la compétence des circonscriptions locales.

L'image de la diversité

L'autre image dont les Français sont fiers, c'est celle de la diversité. La troisième République, celle qui a institué l'école obligatoire, a grandement contribué à ancrer cette vision territoriale dans l'imagerie nationale. Le patriotisme inculqué par les instituteurs, ces « hussards de la République », était inscrit dans les programmes scolaires dont les contenus avaient été inspirés par les historiens Michelet, Lavisse ou le géographe Vidal de la Blache. La France y est décrite comme un pays béni des dieux ; sa forme est harmonieuse ; elle est située à mi-chemin de l'équateur et du pôle ; elle bénéficie de tous les climats tempérés ; elle offre toutes les formes de relief : cette image, tous les petits écoliers devaient la garder à l'esprit.

***Colmar**, en Alsace : le quartier de la Petite Venise. Dans le musée de la ville est conservé le beau retable d'Issenheim de Matthias Grünewald (XVIe siècle).*

Diversité des villes

***Toulouse**, « la ville rose », métropole de la région Midi-Pyrénées, chargée d'histoire et capitale de l'industrie aéronautique française (le Capitole, au centre).*

Les Français ont façonné leur pays en tirant parti de la diversité naturelle. Les paysages sont colorés et changeants plus que partout ailleurs. Les paysans, en s'adaptant à ces conditions naturelles variées, ont produit des aliments qui, dans chaque région, se marient différemment et donnent une palette culinaire extraordinairement variée ; elle exprime la richesse des terroirs : cuisine au beurre des provinces du Nord, ou à l'huile d'olive du Midi, fromages, vins, fruits, volailles.

***Montauban**, une petite ville médiévale au bord du Tarn. Le peintre Ingres et la révolutionnaire Olympe de Gouges, auteur de la Déclaration des droits de la femme y sont nés.*

Les Français sont parfois considérés comme inhospitaliers par les touristes étrangers. Il est vrai qu'il reste quelque chose de ce chauvinisme que le poète Rimbaud nommait le « patrouillotisme ». Les provinces, d'origine féodale, ont chacune leurs particularités et revendiquent parfois une identité culturelle. Le sentiment d'appartenance à l'égard des provinces a encore aujourd'hui une certaine consistance. Il en est de même des pays, ces petites entités naturelles (Artois, Livradois), ou historiques (certains pays auraient une origine gauloise : les *pagi* de *La Guerre des Gaules*) ou féodale, que l'on trouve partout en France (Pays d'Auge, Médoc, Minervois, Bresse, etc.). L'esprit de clocher traduit cet émiettement territorial qui est le symétrique de la centralisation. La France compte encore plus de 36000 communes, héritières des paroisses d'Ancien Régime, autant que tout le reste de l'Europe réunie. Gérée démocratiquement, la commune sert de contre-pouvoir à la surpuissance de l'État.

***Le mont Saint-Michel.** Sur un îlot rocheux, entre Normandie et Bretagne, des moines ont construit une abbaye, la plus visitée de France. La digue qui la relie à la terre sera un jour remplacée par un pont pour laisser libre cours aux fortes marées.*

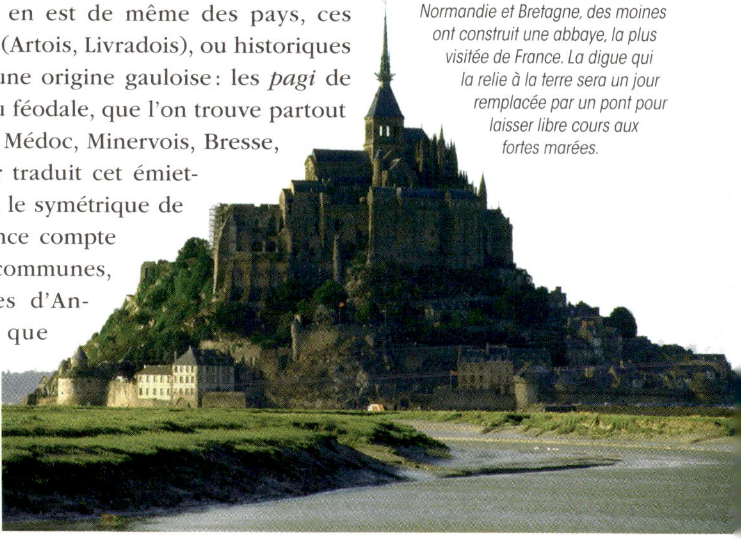

Diversité
des paysages naturels

Guyane. *Le littoral, non loin de la base de lancement d'Ariane, Kourou. Ce département français d'Amérique est presque totalement couvert d'une forêt dense, remarquable par sa biodiversité.*

La période coloniale a laissé des traces qui ajoutent à cette diversité. Le territoire français comporte encore, outre-mer, des « poussières d'empire » : îles sucrières des Antilles ou de l'océan Indien, archipels d'intérêt stratégique dans le Pacifique. Elles sont devenues des destinations touristiques recherchées pendant l'hiver.

Un territoire rééquilibré ?

La centralité parisienne a bénéficié, au cours du XXe siècle, d'une surdétermination économique. L'industrialisation de la France s'était appuyée, comme dans les autres pays, sur les bassins charbonniers. Les pays noirs, du Nord, de la Lorraine ou du Massif central, ont été les premiers points forts de la sidérurgie, de la chimie et du textile. Mais la deuxième phase de l'industrialisation a surtout profité à Paris qui a vu s'installer la grande industrie, celle de l'automobile, de l'aviation, de la construction mécanique et électrique. En un siècle, la population de l'agglomération capitale, qui était déjà élevée (2 millions d'habitants à la fin du XIXe siècle), a quintuplé. L'écart avec les autres grandes villes s'est creusé, à tel point que la formule inventée en 1952 par J.-F. Gravier, « Paris et le désert français », est devenue le maître mot de l'aménagement du territoire. Il fallait, à tout prix, décongestionner Paris et rééquilibrer le pays. Tel a été le slogan de l'après-seconde guerre mondiale.

Au pied du mont Blanc, *dans les Alpes, le plus haut sommet d'Europe occidentale.*

La gestion régalienne du territoire est restée la règle jusqu'à la fin du XXe siècle. La Délégation à l'aménagement du territoire et à l'action régionale (DATAR) est une invention de la Ve République (1963). Elle est d'essence centralisatrice mais ses effets ont été contradictoires. Dans un premier temps, l'opposition Paris-Province (la Province désigne avec une condescendance certaine ce qui n'est pas la capitale – on dit moins aujourd'hui «en province» que «en région») en est sortie renforcée. Paris, centre politique et économique, centre de la recherche et de la culture, est aussi le centre des réseaux de communications matérielles et immatérielles. La toile d'araignée des routes et du chemin de fer a été renforcée par les nouveaux modes de transport: autoroutes, TGV, aéroports.

De plus, la politique industrielle de l'époque gaulliste a misé sur l'aéronautique, l'aérospatiale, le nucléaire et l'électronique pour des raisons autant militaires que civiles. Cette politique industrielle planifiée, appuyée sur le secteur nationalisé, est à l'origine de ce qu'on appelle les nouvelles technologies. Or ces nouvelles technologies se sont localisées dans la région parisienne où étaient concentrés les ingrédients nécessaires à leur développement: grandes écoles, universités, CNRS, et le complexe militaro-industriel.

Le technopôle de Metz.
Le chef-lieu de la région Lorraine, a accueilli dès 1984 un technopôle dédié aux technologies de l'information et des communications.

Mais le phénomène de métropolisation, accompagné par la concentration des emplois à haut niveau de qualification, s'est élargi aux autres grandes villes. Celles qui possédaient déjà une base industrielle, universitaire et technologique, comme Grenoble, Toulouse ou Bordeaux, ont bénéficié de l'implantation d'industries aérospatiales ou de centres de recherche nucléaire ou électronique et sont devenues des villes technopolitaines. Les autres métropoles ont cherché à se doter de technopôles comme Montpellier, Lyon, Nancy, Metz, Rennes, Nantes, Lille, Nice ou Marseille. La recherche scientifique publique s'est mieux répartie sur l'ensemble du territoire et la recherche privée a privilégié la proximité des universités.

Du national au local

L'État français en a fini avec les grandes opérations d'aménagement du territoire des années soixante (Fos-sur-Mer ou littoral du Languedoc). La couverture autoroutière est adaptée aux besoins et le réseau du TGV améliore l'accessibilité de la plupart des régions. Désormais, il encourage les projets de développement d'initiative locale. Les territoires sont mis en compétition pour l'obtention d'un label assorti de financements conjoints de l'État et des collectivités territoriales. Il s'agit d'associer autour de projets innovants des entreprises, des centres de recherche et des organismes de formation.

La carte ci-dessous montre la répartition, sur tout le territoire français, des **«pôles de compétitivité»** (de la même façon, 376 «pôles d'excellence rurale» ont été sélectionnés).

Un exemple

Sur les deux régions Midi-Pyrénées et Aquitaine, premier bassin d'emplois européen dans le domaine de l'aérospatiale, le pôle de compétitivité **Aerospace Valley** regroupe les entreprises publiques et privées, les grandes écoles et l'université, les centres de recherche publics et privés. Les très grandes entreprises spécialisées dans l'aéronautique et l'espace (Airbus, Alcatel Alenia Space, Alstom Transport, CEA/CESTA, CNES, Dassault, EADS, SAFRAN, Rockwell Collins, Siemens, SNPE Matériaux énergétiques, Thales) travaillent en association avec un réseau dense de PME-PMI sous-traitantes. Au total, on dénombre 1 300 établissements et 94 000 emplois, dont 40 000 emplois chez les constructeurs et 50 000 dans le tissu de sous-traitance.

Aerospace Valley détient ainsi :

– une position de leader mondial sur le marché des avions civils, de l'aviation d'affaires haut de gamme, des turbines pour hélicoptères, des trains d'atterrissage ;

– une position de leader européen en avionique, construction de satellites, propulsion, avions militaires, matériaux composites, technologies de rentrée atmosphérique.

En favorisant l'association de la conception et de la fabrication, en développant les synergies entre les entreprises et un système de partenariat actif public-privé, en exploitant les synergies aéronautique/espace/transports, le pôle Aerospace Valley veut conforter ces positions d'excellence. Son ambition est de créer 40 000 emplois dans les vingt ans qui viennent. Il espère également devenir un centre de formation et de recherche de référence mondiale en matière d'aérospatiale.

Source : DIACT.

En même temps, la couverture des réseaux de transport moderne s'est densifiée et les angles morts du territoire se sont grandement atténués. La Bretagne, longtemps enclavée, s'est trouvée raccordée au réseau autoroutier et au TGV. Dans une certaine mesure le Massif central, aussi, a bénéficié de l'amélioration du ratio distance/temps. Cette pénétration du territoire a facilité la diffusion du tourisme dans toutes les régions : tourisme balnéaire sur le littoral, tourisme montagnard, tourisme vert dans les régions restées rurales. La France est la première destination touristique du monde. Elle le doit à une offre très diversifiée. 80 millions de touristes étrangers qui visitent la France recherchent aussi bien le tourisme historique et culturel des villes que les autres formes du tourisme de détente.

Ainsi, il s'est produit une incontestable homogénéisation du territoire qui n'a rien enlevé à la diversité paysagère antérieure mais qui lui a fait prendre d'autres formes. Les métropoles ont perdu de leur attrait ; c'est la frange littorale qui est devenue la zone la plus attractive du territoire. Et dans les deux dernières décennies du siècle passé, l'aména-

Le viaduc de Millau
Ce pont autoroutier aux élégants haubans (architecte : Norman Foster), le plus haut du monde, enjambe la vallée encaissée du Tarn. Il a permis de prolonger l'autoroute A 75 vers Nîmes et les rives ouest de la Méditerranée.

gement du territoire, cette spécificité française qui équivaut à une politique territoriale étatique, a été remise en question par les logiques de l'Union européenne : elle impliquait un interventionnisme de l'État, un certain dirigisme dans le choix des localisations et des subventions au secteur privé, contradictoires avec l'esprit de la libre concurrence.

Le poids de la région et des autres collectivités territoriales

La France a toujours refusé le fédéralisme pour de multiples raisons historiques. Le principe de la déconcentration l'a toujours emporté sur celui de la décentralisation. Avant le début des années quatre-vingt, l'État déléguait ses pouvoirs aux préfets, représentants du gouvernement dans les départements et, plus tard, dans les régions (il s'agissait encore de régions de programme, découpées pour les projets d'aménagement du territoire). Il lui fallait composer avec les élus locaux ou les dirigeants du secteur privé qui demandaient instamment un autre partage des respon-

Les ressources des collectivités territoriales

Après vingt-cinq ans de décentralisation, l'État conserve encore la maîtrise d'environ 60 % de la dépense publique en France.
L'autonomie financière des régions est beaucoup plus faible que celle de leurs homologues allemandes, espagnoles ou italiennes. Ce sont les communes qui assurent la plus forte part de la dépense publique.

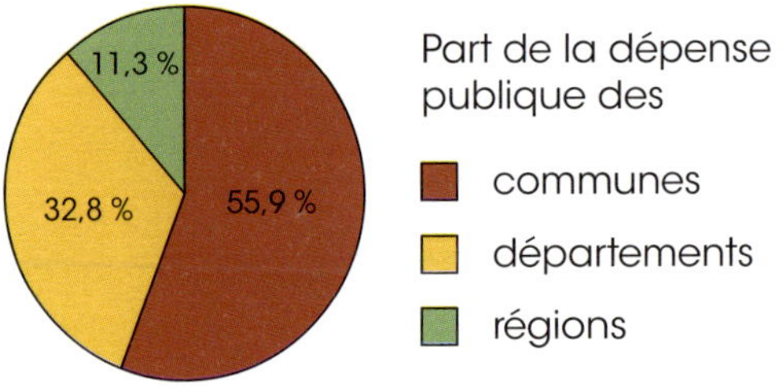

sabilités. Parfois même, des revendications régionalistes prenaient un tour violent, comme en Corse ou en Bretagne. Le besoin d'autonomie ne cessait de grandir. Les institutions européennes poussaient en ce sens avec la création du FEDER (Fonds européen de développement économique régional) qui mettait à la disposition des régions défavorisées des subventions pour un rattrapage économique.

Les lois de décentralisation votées en 1982-1983 ont été une première étape vers une régionalisation véritable. Le découpage antérieur n'était pas remis en cause. Mais, pour la première fois, les régions étaient dotées d'une assemblée élue dont le président détenait l'exécutif à la place du préfet. Un nouveau partage des compétences et des ressources entre l'État et les collectivités territoriales voyait le jour. L'État conservait la responsabilité des grands équilibres budgétaires. Une fiscalité régionale modeste s'ajoutait au dispositif fiscal des collectivités locales.
C'est dans le domaine scolaire que la redistribution des compétences a été la plus précise. L'État garde un pouvoir éminent puisqu'il lui revient d'assurer le traitement des enseignants de tous les niveaux. Les équipements relèvent, eux, de chaque niveau de collectivité : le primaire aux communes, les collèges au département, les lycées et la formation professionnelle aux régions. Quant à l'université, les régions peuvent participer au financement des implantations conjointement avec l'État. En ce qui concerne les transports, les régions peuvent

Un hôtel de région
Le siège du conseil de la région Languedoc-Roussillon à Montpellier (architecte Ricardo Bofill).

prendre en charge le fonctionnement des réseaux TER (Transport express régionaux), y compris l'achat de matériel ferroviaire. Une grande partie du réseau routier national incombe maintenant aux régions ainsi qu'aux départements. La région a acquis également des compétences en matière économique. Elle peut intervenir pour favoriser la localisation d'entreprises (par exemple des zones d'activités) ou le maintien d'activités menacées. Mais ce pouvoir économique est évidemment restreint par les règles communautaires. La région peut négocier directement avec l'Union européenne le financement de projets qui s'inscrivent dans ses objectifs-programmes. Les régions françaises ont largement bénéficié de ces fonds mais, avec l'élargissement de l'Union aux pays de l'Est et la réforme des Fonds structurels, la part des régions françaises s'en trouve diminuée d'autant.

La France est encore très loin du niveau de régionalisation ou de fédéralisme des autres pays européens. L'approfondissement de la décentralisation est à l'ordre du jour. L'argument de ses détracteurs consiste à dire que l'État cherche surtout à reporter sur la fiscalité des collectivités territoriales le déficit résultant de la diminution de la pression fiscale nationale. Quoi qu'il en soit, les évolutions concernant la décentralisation et la régionalisation ne sont pas terminées.

La France s'ouvre

En même temps qu'elle perdait son empire colonial, la France s'ouvrait à l'Europe. La représentation que les Français ont de leur propre pays s'en est trouvée changée. La France est désormais solidement ancrée dans l'Europe. Les programmes Erasmus de coopération universitaire et les échanges touristiques ont fait tomber les frontières mentales en même temps que l'Europe faisait disparaître les frontières économiques. Le territoire français n'est plus refermé sur lui-même. Le Rhin n'est plus une barrière mais un trait d'union dans le sens est-ouest comme dans le sens nord-sud. Le TGV a réduit les distances dans la France intérieure mais aussi dans les relations avec les pays voisins : Londres, Bruxelles, Amsterdam, Allemagne, Suisse, Espagne et bientôt l'Italie. Les échanges commerciaux continuent de se développer dans l'Union européenne comme auparavant dans la CEE. Le marché du travail des régions transfrontalières est de plus en plus intégré. L'Union européenne encourage depuis longtemps la création des Euro-régions : la grande région Saar-Lor-Lux en est l'exemple le plus ancien. On peut citer encore l'Euro-région Pyrénées-Méditerranée, l'Euro-région Alpes, le projet Franco-valdo-genevois. Désormais tous les départements français frontaliers et maritimes font partie d'associations transfrontalières dans le cadre de l'objectif européen *Interreg*. L'espace français ne peut plus se concevoir hors de l'Europe qui est une plate-forme essentielle de la mondialisation.

Le TGV Est *en gare de Karlsruhe. Stuttgart, Bâle, Zurich, après Londres et Bruxelles, demain Barcelone, Turin... Le territoire s'ouvre, l'Europe se resserre.*

Les historiens d'aujourd'hui considèrent généralement que la France naît sous les Carolingiens après le partage de l'Empire en 843. Son destin politique court donc sur plus de onze siècles, impossibles à résumer. Quelques forts repères chronologiques s'imposent.
Mais le passé de la France, c'est tout le patrimoine monumental et culturel accumulé de l'époque néolithique à nos jours, de la grotte de Lascaux à la pyramide du Louvre, en passant par les cités romaines, les cathédrales, les châteaux princiers, l'architecture industrielle…
Les Français sont friands de leur histoire. Ils aiment beaucoup aussi jouer avec elle : de la bande dessinée aux célébrations officielles, le discours de la mémoire, au demeurant fluctuante et diverse, sublime et travestit ce passé..

3

Histoire et mémoire

Les grandes dates de l'histoire de France

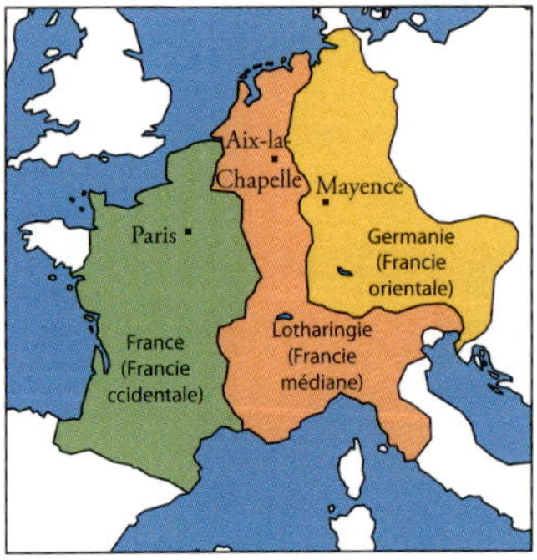

843. **Partage de Verdun :** l'Empire carolingien est partagé entre les trois petits-fils de Charlemagne. La Francie occidentale recouvre une grande partie de la France actuelle. Charles le Chauve est le premier roi de France.

987. **Hugues Capet**, à la suite d'un coup d'État, prend le pouvoir. Il instaure une dynastie royale, en ligne directe masculine, les Capétiens.

700 | 800 | 900 | 1000 | 1100 | 1200

VIIIe siècle | IXe siècle | Xe siècle | XIe siècle | XIIe siècle | XIIIe siècle

751 **Carolingiens** **987**

1214. Victoire de Philippe Auguste à **Bouvines**. Première affirmation d'unité nationale.

1572. Massacre de la Saint-Barthélemy. Les protestants sont pourchassés dans plusieurs grandes villes françaises. La répression fait plusieurs milliers de morts.

1429. Siège d'Orléans. Assiégée par les troupes anglaises, la ville royale est défendue par **Jeanne d'Arc** avec les troupes de Charles VII. Les Anglais lèvent le siège. Sur leur ordre, Jeanne d'Arc mourra brûlée à Rouen.

1515. Marignan. Cette date, facile à retenir par les écoliers français, est celle d'une victoire des armées de François Ier à la reconquête du Milanais. Mais, plus important, elle marque le transfert en France des goûts et canons artistiques italiens du Quattrocento.

1661-1715. Règne de **Louis XIV**, le plus long de l'histoire monarchique française. Versailles est le symbole du prestige royal.

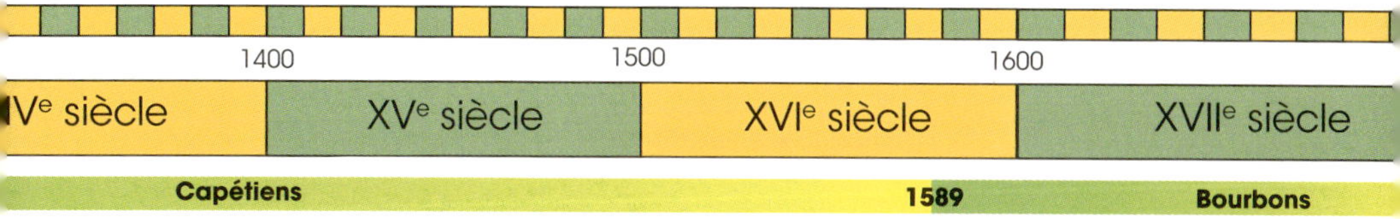

1539. Ordonnance de Villers-Cotterêts. Le français s'impose comme langue officielle du royaume. Désormais, tous les actes devront être rédigés « en langage maternel français et non autrement ».

1685. Abrogation de l'Édit de Nantes, promulgué par Henri IV en 1598, un édit de tolérance pour les sujets de religion protestante ; beaucoup doivent s'exiler, abjurer ou mourir.

5 mai 1789. Le roi Louis XVI convoque **les états généraux**, assemblée des trois ordres – noblesse, clergé, tiers état – pour faire face à la crise économique et politique. **Le 14 juillet, la Bastille**, prison royale quasi désaffectée, tombe aux mains des révolutionnaires.

22 septembre 1792. La **Ire République** est proclamée, après la bataille de Valmy remportée par les troupes révolutionnaires sur une coalition européenne venue au secours de la monarchie. Louis XVI est guillotiné en janvier 1793.

26 août 1789. Déclaration des droits de l'homme et du citoyen, inspirée par les philosophes des Lumières. Désormais, au regard du droit, les hommes naissent libres et égaux.

2 décembre 1804. Le général **Bonaparte** devenu empereur des Français se fait sacrer à Notre-Dame, à Paris (et sacre lui-même son épouse Joséphine, devant le pape).

1830-1848. **La Restauration** du pouvoir royal se révèle impossible. Des émeutes populaires chassent Charles X en 1830 et Louis-Philippe en février 1848.

1852. Début du **Second Empire**. Louis Napoléon Bonaparte, élu en 1848 président de la nouvelle république, devient empereur.

1870. Défaite à **Sedan** contre les Prussiens qui précipite la chute de l'Empire. Le territoire est amputé d'une partie de la Lorraine et de l'Alsace (récupérées en 1919).

1900

XIXe siècle

Restauration (des Bourbons) puis monarchie de Juillet — 1848 — IIe République — 1852 — Second Empire — 1870-1871 — IIIe République

1848. Instauration du **suffrage universel** masculin. Abolition définitive de l'esclavage (aboli une première fois en 1794, puis rétabli par Bonaparte en 1802) par l'action conjuguée des esclaves révoltés de Martinique et Guadeloupe et de Victor Schoelcher.

1881-1884. Série de **lois sur l'enseignement et sur les libertés publiques** (presse, réunion, associations professionnelles et syndicales).

1894-1906. Affaire Dreyfus. Le capitaine Dreyfus est accusé d'espionnage au profit de l'Allemagne. Sur fond d'antisémitisme, cette affaire juridico-politique divise la France durablement. L'innocence de Dreyfus est reconnue en 1906.

1905. Loi établissant la **séparation des Églises et de l'État**.

Juin-juillet 1940. La France est envahie par l'armée allemande. Le maréchal Pétain demande l'armistice, tandis que de Londres, le général de Gaulle appelle la nation à la résistance. Dans Vichy, ville de repli face aux armées allemandes, Pétain qui a obtenu les pleins pouvoirs instaure l'État français, collaborationniste, raciste, liberticide et traditionaliste (son slogan : travail, famille, patrie).

Août 1944. La ville de **Paris est libérée**. Le général de Gaulle, qui s'était imposé à Londres comme chef de la France libre, puis à Alger comme le président du Gouvernement provisoire de la République, peut entrer dans la capitale. Le gouvernement de Vichy est renversé.

1900

IIIe République | **1940** | **19**

État franç
(à Vichy

1916. Bataille de **Verdun**. Dans la mémoire française, Verdun reste le symbole de la guerre de tranchées de la première guerre mondiale, avec la bataille de la Somme. De part et d'autre, 300 000 hommes meurent sur le front.

1946. Mise en place d'une importante législation sociale. **Nationalisation** des charbonnages, des chemins de fer, etc. Les femmes accèdent au droit de vote.

1957. Traité de Rome. Il crée la CEE, union douanière, et un **Marché commun** entre six pays européens, dont la France. La CEE deviendra l'Union européenne en 1993, après le traité de Maastricht.

1951. Création de la CECA, **marché commun du charbon et de l'acier**. Les Français Robert Schuman et Jean Monnet en sont les promoteurs actifs.

1958. Le **général de Gaulle** revient au pouvoir à la faveur de la crise algérienne. Il met en place la Vᵉ République. La Constitution renforce les pouvoirs de l'exécutif.

1981. Élection de **François Mitterrand** à la présidence de la République (il est réélu en 1988). Son premier septennat est marqué par l'abolition de la peine de mort, les lois de régionalisation, un programme de nationalisations de grandes entreprises.

1995. Élection de **Jacques Chirac** (réélu en 2002), sur un programme de résorption de la « fracture sociale ».

2000

XXᵉ siècle

7 | 1958 Vᵉ République

Vᵉ République

uvernement provisoire

1954-1962. Guerre d'Algérie. Par les accords d'Évian, la France reconnaît l'indépendance de l'Algérie. Entre ces deux dates, presque toutes les colonies françaises accèdent à l'indépendance.

1968. Crise sociale et politique qui fait vaciller le pouvoir. Le pays est paralysé par des grèves pendant plus d'un mois.

2007. Nicolas Sarkozy est élu président de la République pour cinq ans.

D'Alésia à Astérix : l'héritage gaulois

Longtemps, pour les Français, les Gaulois étaient « nos ancêtres ». Cela a commencé au moment de la Révolution française, quand les révolutionnaires ont dû choisir entre l'origine franque des Français (Clovis, roi des Francs, à l'origine de la monarchie que l'on est alors en train d'abattre) et un autre peuple d'origine, les Gaulois, littéralement « inventés » afin de correspondre au peuple révolutionnaire. C'est alors que démarre la carrière semi-légendaire de Vercingétorix, par ailleurs personnage bien réel, perdant héroïque à Alésia (52 av. n. è.) contre César. Il fut enseigné pendant très longtemps comme le « résistant » aux armées romaines, l'âme même de la France, mobilisé à chaque conflit important (1870, 1914-1918) ou pendant l'occupation allemande où Vercingétorix est l'exact décalque du résistant. À l'école, « Nos ancêtres les Gaulois » furent même ceux des enfants des colonies françaises, auxquels on dispensait des rudiments d'histoire nationale. Des sites célèbres de Bourgogne : Alésia/Alise-Sainte-Reine, lieu de la bataille perdue, ou Bibracte, place forte importante de la Gaule, ou encore le musée gallo-romain de Lyon témoignent encore aujourd'hui de cette civilisation gauloise puissante, industrieuse et commerçante, respectée des Romains. De cette Gaule, il reste quelque chose aujourd'hui : un coq sur le maillot de l'équipe de France de rugby et de football, les aventures d'Astérix et Obélix, héros intemporels de la bande dessinée française, et aussi peut-être l'idée que les Français sont toujours un peu frondeurs...

De Colbert à Zidane : l'héritage colonial

La France fait partie de ces pays européens qui ont fait de l'entreprise coloniale une des grandes dimensions de son histoire. Colbert la voyait pragmatique, afin d'assurer à la France de son roi, Louis XIV, une présence dans les mers du monde, et de participer aussi au grand commerce mondial dominé alors par la puissante Angleterre. En réorganisant la marine royale et en créant la Compagnie des Indes, Colbert fait plus que doter la France d'une marine importante. Il l'ouvre vers de nouveaux horizons et de nouvelles terres. Mis à part le maintien d'un empire et la conquête de l'Algérie en 1830, la grande période coloniale française se décline sous la IIIe République quand Jules Ferry est tour à tour, et symptomatiquement, ministre de l'Instruction publique et des Affaires étrangères. La Tunisie, la péninsule Indochinoise, Madagascar, le Maroc, le Sénégal, etc. deviennent terres françaises après des conquêtes armées, la confiscation des meilleures terres et des richesses locales, et l'exaltation des bienfaits apportés par la « civilisation ».

Les historiens parlent volontiers d'héritages croisés, pour dire que la métropole a autant transformé les cultures indigènes qu'elle en a été imprégnée elle-même, de la cuisine à la musique, en passant par la littérature, le théâtre ou la danse. Et les échanges de populations entre la métropole et les colonies, qui n'ont pas cessé avec les indépendances, ont tissé une réalité sociale française, dont Zinedine Zidane est un symbole – enfant d'une famille algérienne de Marseille, Français et célébré comme tel en 1998 au stade de France.

Liberté, égalité, fraternité : l'héritage de 1789

La France d'aujourd'hui est fille de la révolution. Des années révolutionnaires (1789-1815), la France garde son hymne national (*La Marseillaise*, chant patriotique composé en 1792, devenu hymne national en 1879), une devise (liberté, égalité, fraternité, inscrite au fronton des hôtels de ville et des écoles publiques), son drapeau (bleu, blanc, rouge), des unités de compte unifiées (le litre, le mètre), une organisation administrative (le département) et un modèle politique. Le modèle républicain doit pouvoir se lire sur le temps long, depuis les premières remises en question par Vauban, ministre du roi Louis XIV, de la monarchie catholique et de ses excès. Les Lumières, mouvement européen, ont trouvé un champ de développement considérable en France où Voltaire, Montesquieu, Rousseau, Diderot ou Condorcet ont défendu les idéaux de liberté et d'égalité. Dès 1789, des droits fondamentaux sont acquis, des privilèges aristocratiques sont abolis, les grands principes des droits de l'homme et du citoyen sont affirmés. De fait, la France ne va pas cesser, pendant plus d'un siècle, de « rejouer » les épisodes enthousiastes ou orageux de la période révolutionnaire, lorsque la monarchie est devenue impossible, sous sa forme absolue (en 1830) ou constitutionnelle (en 1818 et en 1848), jusqu'à l'instauration de la République (après les journées sanglantes de la Commune en 1871). Aujourd'hui encore, lorsque les Français « descendent dans la rue » pour se plaindre de l'injustice sociale et réclamer un sort meilleur, ils retrouvent, sans le savoir, l'ambiance festive et les espoirs de ces « journées » réussies. À l'autre bout, celui de la contre-révolution, on peut évoquer par exemple la commémoration annuelle, par un petit groupe réuni place de la Concorde le 20 janvier, de l'exécution de Louis XVI, ou la manifestation populaire et festive organisée chaque été sur le site d'un château de Vendée détruit par les révolutionnaires, au Puy du Fou. Les rues et les places au nom de révolutionnaires, ou la fastueuse commémoration en 1989 du bicentenaire de la Révolution, témoignent de l'importance politique accordée en France à l'héritage de 1789.

Des grands chantiers au patrimoine : l'héritage monumental

La France présente, dans les villes comme dans les campagnes, une variété architecturale si importante qu'elle embrasse toutes les périodes, de l'Antiquité (le pont du Gard) aux édifices royaux des XVIIe et XVIIIe siècles (le château de Versailles ou l'Institut de France), en passant par les châteaux cathares, les abbayes et églises romanes témoins d'un monachisme florissant (Chartres, Fontenay, Cluny, Vézelay), les cathédrales gothiques chefs-d'œuvre de l'« art français » (Notre-Dame, Reims) et les châteaux de la Loire, symboles du raffinement de la Renaissance (Chambord, Chenonceaux, Amboise). Il fut une époque où l'on pouvait détruire totalement pour reconstruire à neuf : le château de Blois est un bel exemple de la juxtaposition de styles emboîtés chronologiquement, qui légitimait la destruction de fragments anciens. De fait, la notion de patrimoine historique est récente. Elle date du XIXe siècle. L'écrivain Prospère Mérimée est nommé inspecteur des Monuments de France en 1833 afin de sauvegarder les œuvres monumentales du passé, et afin de restaurer aussi, avec Viollet-le-Duc, dans des règles stylistiques parfois dénoncées aujourd'hui. Vézelay est le premier chantier de sauvegarde engagé dès 1840, juste avant que Notre-Dame de Paris ne connaisse le même sort. Désormais le patrimoine est protégé et célébré. Le patrimoine industriel, témoin de tant de vies et d'existences laborieuses, connaît également une sauvegarde de ses sites (la tour Eiffel conservée après 1889 et, depuis trente ans, les usines réaffectées à des activités culturelles). Les musées régionaux et locaux tentent de sauvegarder les savoir-faire ancestraux, au sein d'une modernité vécue comme potentiellement destructrice. Des édifices comme les arènes de Nîmes, Chambord, Notre-Dame et le Mont-Saint-Michel sont « patrimonialisés », tandis que la pyramide du Louvre voulue par le président Mitterrand est venue s'inscrire dans la cour du Palais du Louvre, symbole du pouvoir royal. Le tourisme les redécouvre ainsi, tournés vers une nouvelle vie, vision présente de fonctions d'antan.

De de Gaulle au gaullisme : l'héritage de la Résistance

Parmi les héritages historiques de la France, celui de la Résistance est chargé des heures les plus douloureuses de l'histoire nationale du XXe siècle. La résistance française au nazisme et au régime de Vichy est tout entière imprégnée des valeurs de la Révolution française et des idéaux républicains inscrits dans la Déclaration des droits de l'homme et du citoyen. Le général de Gaulle, Jean Moulin ou Lucie Aubrac les mobilisent, chacun à sa manière, pour ancrer l'esprit de résistance à l'occupant. Tout un ensemble de textes, d'actes, de prises de position contre la collaboration avec l'ennemi évoquent *La Marseillaise*, la victoire des armées révolutionnaires à Valmy. Le programme de la Résistance élaboré par les représentants des différents mouvements clandestins en vue de fonder une société plus juste s'y réfère largement. Il a eu des effets immédiats dans la forme de gouvernement installée en France à la Libération (sécurité sociale, intervention de l'État dans l'économie, indépendance de la politique extérieure). La pensée de la Résistance, patriote, sociale, et prônant un État au-dessus des intérêts partisans a continué d'inspirer le « modèle social français » et une grande partie du mouvement gaulliste, longtemps après la présidence de De Gaulle, celui qui avait pris à Londres la tête des premiers résistants à l'été 1940 et défendu les principes de la République.

Cinquante ans après sa fondation, la Ve République a beaucoup évolué depuis la Constitution de 1958... et une révision institutionnelle est à nouveau « sur le feu », preuve de la vitalité du système institutionnel français. Pourtant, ses caractéristiques essentielles demeurent, qu'il s'agisse de ses rouages, du système de représentation ou de la garantie des droits des citoyens.

Quelles péripéties de son histoire ont conduit la France vers le régime hyperprésidentiel qu'elle connaît aujourd'hui ? Comment, parallèlement, ont évolué les partis politiques et la mobilisation de citoyens électeurs de plus en plus sollicités, de l'échelle cantonale et municipale à l'échelle européenne ?

En apparence, le clivage gauche-droite qui structure depuis des décennies les options des Français semble se brouiller devant les défis de la mondialisation ou de l'avenir de l'Europe : une nouvelle forme de culture politique et de fonctionnement démocratique est-elle en train de naître ?

4

Les institutions et la vie politique

Le régime politique français présente deux caractéristiques qui le rendent singulier. Il ne s'agit, d'une part, ni d'un régime parlementaire de type britannique, où l'exécutif procède du Parlement, ni d'un régime de séparation des pouvoirs, de type américain, où le Président doit composer avec le Congrès : la Ve République est, au contraire, un régime hybride marqué par l'hégémonie de la fonction présidentielle, faute de contrepoids suffisants. La France présente une seconde singularité, au regard de la plupart des grandes démocraties contemporaines : elle préfère le scrutin majoritaire à deux tours au scrutin à un tour (États-Unis, Grande-Bretagne) ou à la représentation proportionnelle (Europe continentale), favorisant ainsi tout à la fois le multipartisme (au premier tour) et la mise en place de deux grandes coalitions électorales (au second tour), l'une de gauche et l'autre de droite. Le régime français a néanmoins beaucoup évolué depuis les débuts de la Ve République : tant les institutions que le système politique n'ont cessé de se transformer pour parvenir à leurs formes actuelles.

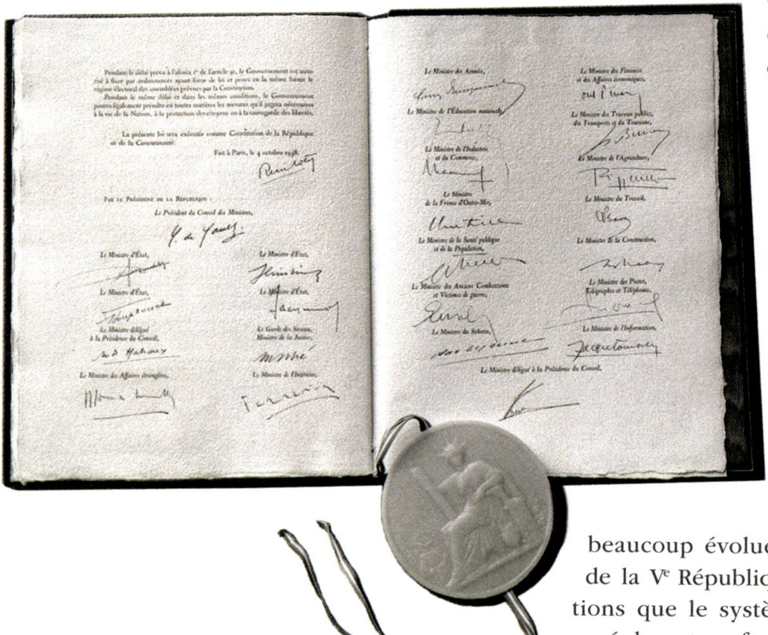

Aux fondements de la Ve République, ***la Constitution de 1958.***

Du Président arbitre...

La Ve République est fondée en 1958. Trois ans et demi après le début de la guerre d'Algérie, le 1er novembre 1954, la IVe République s'effondre et provoque le retour aux affaires de Charles de Gaulle, écarté du pouvoir en 1946. Sitôt nommé « président du Conseil » (c'est-à-dire chef du gouvernement), celui-ci met en chantier une nouvelle constitution, qui sera approuvée par référendum en septembre et promulguée le 4 octobre. Une nouvelle ère commence. La IIIe et la IVe République étaient de véritables régimes parlementaires : « le gouvernement rend compte au Parlement comme l'esclave à son maître », disait Pierre Mendès France, président du Conseil en 1955 et grande figure de la IVe République. Avec la Ve République, tout change. Pour Charles de Gaulle, il s'agit avant tout de mettre fin au « régime des partis » et de rétablir l'autorité du pouvoir exécutif pour, *in fine*, rétablir l'autorité de l'État, qu'il estime gravement affaiblie. Le chef du

L'élection du président de la République se fait selon le principe du scrutin uninominal à deux tours. Au premier, on choisit son candidat préféré ; au second on élimine. En réalité, le vote « utile » est tentant dès le premier tour (on vote alors pour un candidat qui a des chances d'arriver au second tour).

Le siège de la Présidence et la résidence du chef de l'État, sont installés depuis la fin du XIXe siècle au ***palais de l'Élysée****, ancien hôtel particulier du Faubourg Saint-Honoré, à Paris.*

gouvernement ne procède plus du Parlement. Alors qu'il était «investi» par l'Assemblée nationale sous la IVe République, il est désormais «nommé» par le président de la République. Certes, le gouvernement demeure responsable devant l'Assemblée, mais une motion de censure ne peut désormais être adoptée qu'à la majorité absolue des députés. La nouvelle constitution entend ainsi tout à la fois encadrer strictement la mise en œuvre de la responsabilité du gouvernement devant l'Assemblée nationale et mettre un terme à l'instabilité ministérielle. Le gouvernement est doté des moyens de maîtriser la procédure législative. La méfiance envers le Parlement se traduit également par la création du Conseil constitutionnel, chargé de veiller à la conformité de la loi à la Constitution. Enfin, la nouvelle constitution confie des pouvoirs propres (c'est-à-dire dispensés du contreseing du Premier ministre et des ministres responsables) au président de la République, à commencer par les pouvoirs de crise. Mais la Constitution du 4 octobre 1958 reste dans l'épure du régime parlementaire. «Le gouvernement détermine et conduit la politique de la Nation», et le Premier ministre dirige l'action du gouvernement. Le président de la République doit se contenter «d'assurer, par son arbitrage, le fonctionnement régulier des pouvoirs publics». À l'époque, il n'est pas encore question d'élire le président de la République au suffrage universel direct, ni de lui confier la réalité du pouvoir exécutif. La Constitution dessine les grandes lignes d'un régime parlementaire «rationalisé», comme dans la plupart des grandes démocraties européennes, dont le président de la République est le garant.

Entre 1958, avènement de la Ve République, et aujourd'hui, six présidents se sont succédé. Portraits officiels de Charles de Gaulle, Georges Pompidou, Valéry Giscard d'Estaing, François Mitterrand, Jacques Chirac et Nicolas Sarkozy. Ce genre photographique, qui obéit à des règles strictes, est une tradition en France depuis Adolphe Thiers (1871).

… au Président qui gouverne

Très vite, pourtant, le nouveau régime va s'affranchir de ce schéma institutionnel. De Gaulle, dernier président du Conseil de la IVe République, décide de se présenter à l'élection présidentielle organisée en décembre 1958. Il devient le premier président de la Ve République. Mais en quittant Matignon pour l'Élysée, il ne renonce nullement à l'exercice réel du pouvoir exécutif ; il décide au contraire de gouverner depuis l'Élysée. Seule la conjonction de plusieurs facteurs autorise cette lecture inattendue et, pour tout dire, si peu conforme à la « tradition républicaine » : la guerre d'Algérie, d'abord, qui a provoqué le retour aux affaires du général de Gaulle ; la personnalité exceptionnelle du fondateur de la Ve République qui dispose, selon ses dires, d'une « légitimité historique » ; le soutien indéfectible des Français, manifesté lors du référendum constitutionnel du 28 septembre 1958, et réitéré lors de trois autres référendums en 1961 et 1962 ; la complicité du Premier ministre, Michel Debré, qui consent à cette nouvelle hiérarchie au sein du couple exécutif.

Le référendum. La Constitution distingue le référendum législatif et le référendum constituant. C'est en se fondant sur le premier que François Mitterrand a organisé un référendum autorisant la ratification du traité de Maastricht en 1992 et Jacques Chirac un référendum (perdu) sur le traité établissant une constitution pour l'Europe en 2005. Le référendum constituant a été utilisé pour réduire le mandat présidentiel de sept à cinq ans en 2000. Pour modifier la constitution, l'exécutif préfère utiliser une procédure de révision simplifiée (la réunion en congrès des parlementaires des deux assemblées et le vote à une majorité qualifiée des 3/5e du projet de révision)… voire, comme de Gaulle à deux reprises (1962 et 1969), de manière contestable, le référendum législatif.

L'onction du suffrage universel

Les rôles respectifs du président de la République et du Premier ministre se construisent donc dans les toutes premières années de la Ve République, notamment à la

Le Conseil constitutionnel, créé en 1958, a pour mission de veiller à la constitutionnalité des lois votées par le Parlement. Depuis son rôle s'est considérablement accru puisqu'il considère désormais que le Préambule de la Constitution et la Déclaration des droits de l'homme et du citoyen de 1789 ont valeur constitutionnelle. Le Conseil constitutionnel ne se situe pas au sommet de la hiérarchie juridictionnelle française : ce n'est pas une cour suprême.

faveur de l'état de sidération dans lequel se trouve plongé l'ensemble du monde politique, au moins jusqu'à la signature au printemps 1962 des accords d'Évian qui établissent l'indépendance de l'Algérie. De Gaulle, ensuite, profitant de l'émotion provoquée par l'attentat du Petit-Clamart, organise un référendum, en usant d'une procédure contestable, pour modifier la constitution et faire élire, à l'avenir, le président au suffrage universel direct. Quelques semaines plus tard, après que l'Assemblée eut renversé le gouvernement Pompidou en signe d'hostilité à la réforme, il la dissout et remporte les élections législatives. Le scrutin de l'automne 1962 marque ainsi la naissance du «fait majoritaire». Disposant désormais d'une majorité à sa main, de Gaulle conserve Pompidou à Matignon. Dès lors, la prééminence du Président n'est plus contestée. La réélection du général de Gaulle en 1965 sonne comme un nouvel assentiment des Français au régime.

À vrai dire, aucun de ses successeurs ne remettra en cause cet héritage institutionnel, pas même François Mitterrand, qui dénonça pourtant en son temps, dans un pamphlet célèbre, *«le coup d'État permanent»* (1964) que représentait selon lui le régime gaulliste. Jusqu'en 1986, tous mettent à profit leur élection au suffrage universel direct et la majorité parlementaire que leur offrent systématiquement les Français à l'occasion des élections législatives pour gouverner depuis l'Élysée. La politique étrangère et la défense font partie du «domaine réservé» du Président, selon l'expression forgée par Jaques Chaban-Delmas dès 1959. Le Premier ministre, qu'il choisit, doit se contenter de gérer «l'intendance» (Charles de Gaulle).

Jusqu'en 2002, le pouvoir à la tête de l'Etat pouvait être bicéphale. Pendant cinq ans (1997-2002) et avec des orientations politiques opposées, le président de la République Jacques Chirac et Lionel Jospin, Premier ministre et chef de la majorité parlementaire, ont représenté la France ensemble dans les instances internationales.

De la cohabitation…

Mais en 1986, la Ve République est confrontée à un cas de figure inusité. François Mitterrand perd les élections législatives. Il choisit de rester au pouvoir, mais doit appeler à Matignon le leader du principal parti de la nouvelle majorité parlementaire, Jacques Chirac. C'est la « cohabitation ». Le nouveau Premier ministre, fort du résultat des élections législatives, entend mettre en œuvre les orientations politiques sur laquelle la nouvelle majorité a été élue. Le Président, s'il peut rester à l'Élysée, doit néanmoins renoncer à gouverner. La lecture gaullienne de la Constitution s'efface devant son interprétation littérale, qui trouve enfin à s'appliquer, vingt-huit ans après sa promulgation. Autrement dit, en période de cohabitation, la lettre de la Constitution devient la référence commune des principaux pouvoirs constitués, que tout sépare par ailleurs. Le Premier ministre dirige effectivement l'action du gouvernement. C'est bien ledit gouvernement qui, fort de la confiance de l'Assemblée nationale, détermine et conduit la politique de la nation. Le Président ne conserve quelques prérogatives qu'en matière de défense ou de politique étrangère. Il est, surtout, le premier des opposants, pour ne pas dire le chef de l'opposition. François Mitterrand et, plus tard, Jacques Chirac en tireront parti pour détruire leur Premier ministre et se faire réélire, le premier en 1988 et le second en 2002.

… à l'instauration du quinquennat

Pendant trois septennats, la vie politique française est en état d'arythmie. À partir de 1981 et pendant un quart de siècle, les élections législatives se traduisent systématiquement par la défaite de la majorité parlementaire sortante. Deux réformes adoptées au début des années 2000 bouleversent la donne. La première raccourcit le mandat du Président de sept à cinq ans. La seconde prévoit la tenue des élections législatives au lendemain de

L'Hôtel de Matignon
dans le 7e arrondissement de Paris. Le Premier ministre travaille et réside officiellement dans cet hôtel construit au XVIIIe siècle.

Le système politique

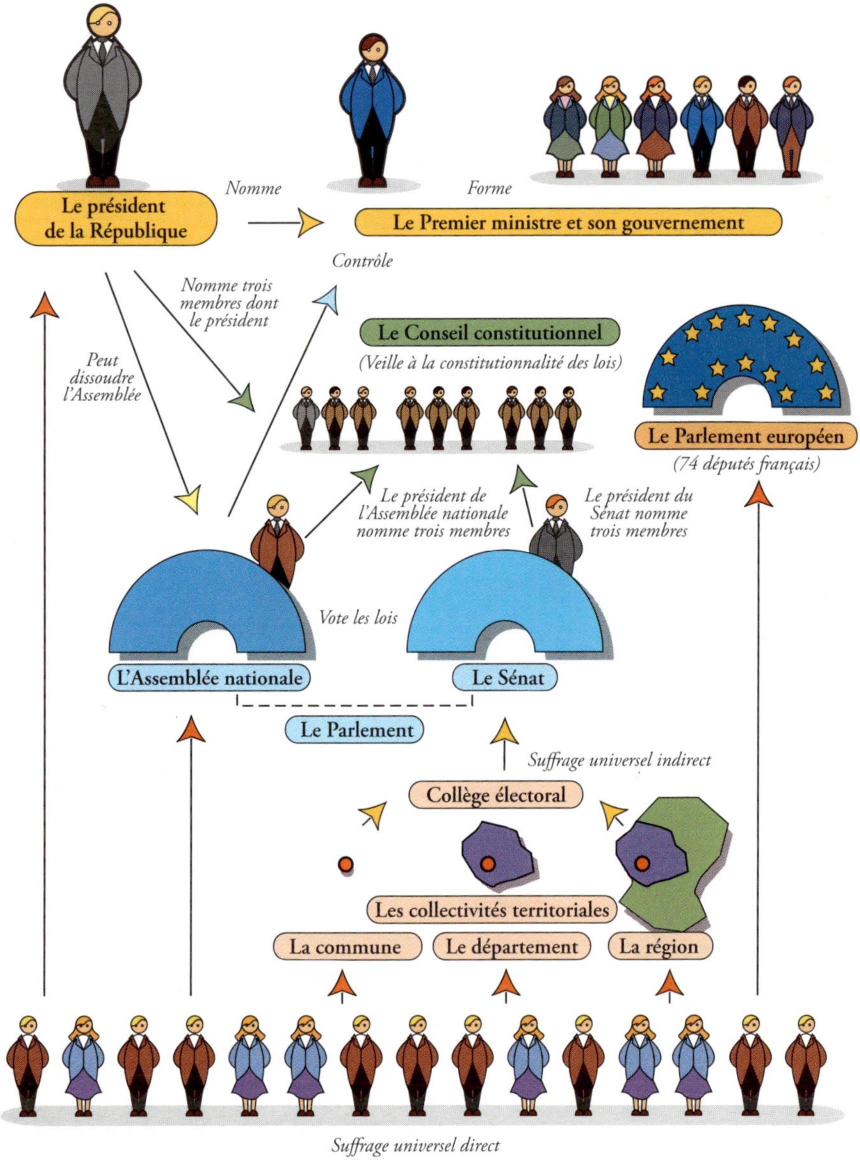

l'élection présidentielle. Désormais, le Président et l'Assemblée sont tous deux élus pour cinq ans, les Français élisant leurs députés quelques semaines après leur président. Au lendemain de l'élection présidentielle, «l'effet de souffle» est tel que le parti du Président est presque assuré de remporter les élections législatives: en 2002 (après la réélection de Jacques Chirac) et en 2007 (après la victoire de Nicolas Sarkozy), l'UMP obtient la majorité à l'Assemblée nationale. La probabilité d'une nouvelle cohabitation devient presque nulle.

L'élection présidentielle est la mère de toutes les batailles. Celui qui la remporte est presque assuré de gagner quelques semaines plus tard les élections législatives et de disposer d'une majorité parlementaire jusqu'à l'expiration de son mandat. Politiquement, le Président est, plus que jamais, le chef de la majorité. Sur le plan institutionnel, le rôle du Parlement se réduit à «mettre en loi» les engagements que le Président a pris devant les Français durant la campagne présidentielle. Jusqu'en 2002, des élections législatives s'intercalaient nécessairement entre deux scrutins présidentiels. Le Premier ministre avait pour mission de les remporter ou, éventuellement, d'assumer son échec et, ainsi, de protéger le Président. Avec le quinquennat, l'élection présidentielle suivante est le seul horizon électoral du chef de l'État. Le Premier ministre s'efface, laissant le Président entretenir un dialogue direct avec les Français pendant toute la durée de son mandat. La voie est désormais ouverte pour une Ve République hyperprésidentielle.

La cavalerie de la Garde républicaine *(corps de prestige et de sécurité à la fois) le 14 juillet, jour de la fête nationale, sur les Champs Élysées. En prologue aux démonstrations des forces armées françaises, pour la première fois en 2007, des détachements des pays membres de l'Union européenne ont défilé derrière la bannière étoilée.*

Le système juridictionnel français

Sous la Révolution, la loi des 16 et 24 août 1790 pose le principe de séparation des autorités administratives et judiciaires : il interdit aux juridictions judiciaires de connaître des affaires administratives. Ce texte ouvre la voie au dualisme juridictionnel et à la création, sous le Consulat, du Conseil d'État.

Deux siècles plus tard, le dualisme juridictionnel est toujours vivace. Les juridictions judiciaires et administratives comportent chacune deux degrés de juridiction (un juge de première instance et une juridiction d'appel). La **Cour de cassation** est la plus haute juridiction de l'ordre judiciaire, tandis que le **Conseil d'État** est placé au sommet de l'ordre administratif. Les conflits de compétence entre les deux ordres de juridiction sont réglés par le Tribunal des conflits.

Il faut souligner, également, l'importance croissante des juridictions européennes et communautaires : Cour de justice des Communautés européennes d'une part ; Cour européenne des droits de l'homme d'autre part.

*Entrée du **Conseil d'État**, place du Palais-Royal à Paris. Dans le même ensemble de bâtiments, ancienne résidence des ducs d'Orléans, siège également le Conseil constitutionnel qui n'est pas, lui, une cour suprême.*

Deux tours, deux coalitions et deux partis dominants

Dans le processus qui a conduit à l'hyperprésidentialisation du régime, la loi électorale et la configuration du système partisan ont joué leur rôle. La IVe République laissait systématiquement communistes et gaullistes en marge : socialistes, radicaux, démocrates-chrétiens et modérés se succédaient alors au pouvoir à la tête de coalitions hétéroclites. Les institutions de la Ve République abandonnent la représentation proportionnelle, accusée d'avoir favorisé le « régime des partis », au profit du scrutin majoritaire, censé favoriser l'apparition de majorités stables. Le scrutin à deux tours, en vigueur sous la IIIe République, fait donc son retour, tant pour les élections législatives que pour l'élection présidentielle. Son usage réitéré ainsi que le recours intensif au référendum durant les premières années de la Ve République favorisent la rebipolarisation du paysage politique. La cristallisation s'opère en 1962. Cette année-là, deux systèmes d'alliance se mettent en place : l'un autour du parti gaulliste, pour soutenir le régime ; l'autre regroupe, ponctuellement, au sein du « cartel des Non » tous les adversaires de De Gaulle. Mais les anciennes forces politiques se meurent. « Entre les communistes et nous (les gaullistes), il n'y a rien », dit alors André Malraux, ministre de la Culture du général de Gaulle. Les années 1960 et 1970 voient la « gauche non communiste » et la « droite non gaulliste » renaître autour, respectivement, de François Mitterrand et de Valéry Giscard d'Estaing. L'un et l'autre réussissent à donner une identité et à incarner des segments du paysage politique tombés en friche. Le premier s'affirme comme le principal opposant à de Gaulle en le mettant en ballottage lors de l'élection présidentielle de 1965, et crée le Parti socialiste (PS) en 1971. Le second fonde l'Union pour la démocratie française (UDF), en 1978, pour regrouper libéraux, démocrates-chrétiens et une partie des radicaux. Le centre rejoint ainsi la droite. À la même époque, Jacques Chirac s'impose comme le leader des néogaullistes et fonde le Rassemblement pour la République (RPR). Lors des élections législatives de 1978, le paysage politique est un véritable jardin à la française, s'ordonnant autour de

***L'Assemblée nationale** en séance dans l'hémicycle du Palais Bourbon. Elle est le principal organe législatif français.*

L'Assemblée nationale peut contraindre le gouvernement à la démission en votant une motion de censure à la majorité absolue de ses membres. Une seule ***motion de censure*** a été adoptée sous la Ve République, en 1962. Depuis, à chaque élection, le fait majoritaire a systématiquement offert au gouvernement une majorité stable pendant toute la durée de la législature.

L'Assemblée nationale

Répartition des sièges à l'Assemblée nationale après les élections législatives de juin 2007

Le souverainisme est un courant politique qui refuse la dilution de l'identité nationale dans un ensemble plus vaste, au nom de la souveraineté nationale. Dans les années quatre-vingt-dix, gauche et droite ont été confrontées à la naissance de partis souverainistes : à gauche, autour de Jean-Pierre Chevènement ; à droite, autour de Charles Pasqua et Philippe de Villiers.

quatre forces politiques d'égale importance, alliées deux à deux : PC (parti communiste) et PS d'un côté, UDF et RPR de l'autre. Mais la France de la fin des années soixante-dix n'est plus celle du début des années soixante. Gaullistes et communistes sont en perte de vitesse. Les gaullistes perdent l'Élysée en 1974, quand Valéry Giscard d'Estaing succède à Georges Pompidou, brutalement décédé. « L'union de la gauche » scellée en 1972 profite au PS plus qu'au PC : François Mitterrand est élu à la présidence de la République en 1981, après que la gauche eut passé vingt-trois années dans l'opposition.

Un nouveau paysage politique

Mais au début des années quatre-vingt, le paysage politique français s'émiette à nouveau. Les logiques qui favorisaient sa recomposition s'inversent soudainement, pour hâter sa décomposition. La représentation proportionnelle est à nouveau utilisée en France à compter de 1979, pour les élections européennes. Dans les années quatre-vingt, la proportionnelle, ou une part de proportionnelle, est égale-

Voter en France

En France, l'inscription sur les listes électorales est obligatoire. Mais, négligence ou volonté délibérée, une fraction de citoyens ne sont pas inscrits. En 2007, une hausse très importante des inscrits a été enregistrée, soit 1,8 million nouveaux inscrits.

En revanche, le vote n'a jamais été obligatoire – à la différence d'autres pays comme la Belgique ou l'Australie.

Les Français participent au vote à trois niveaux :

1. Au niveau local

– les élections municipales permettent d'élire, pour six ans, les conseils municipaux ;

– les élections cantonales permettent d'élire, pour six ans, les conseillers généraux qui administrent le département. Les conseillers généraux sont renouvelables par moitié tous les trois ans ;

– les élections régionales désignent les membres du conseil régional pour six ans.

2. Au niveau national

– l'élection présidentielle, celle du président de la République, qui a lieu tous les cinq ans ;

– les élections législatives, qui élisent les députés à l'Assemblée nationale pour cinq ans. L'Assemblée siège au Palais Bourbon ;

– les élections sénatoriales ont la particularité de se dérouler au scrutin indirect ; un collège de « grands électeurs » élit les sénateurs pour six ans. Le Sénat siège au Palais du Luxembourg.

3. Aux élections européennes

Les citoyens et les ressortissants de l'Union européenne élisent, pour cinq ans, les députés au Parlement européen.

La participation des Français aux élections

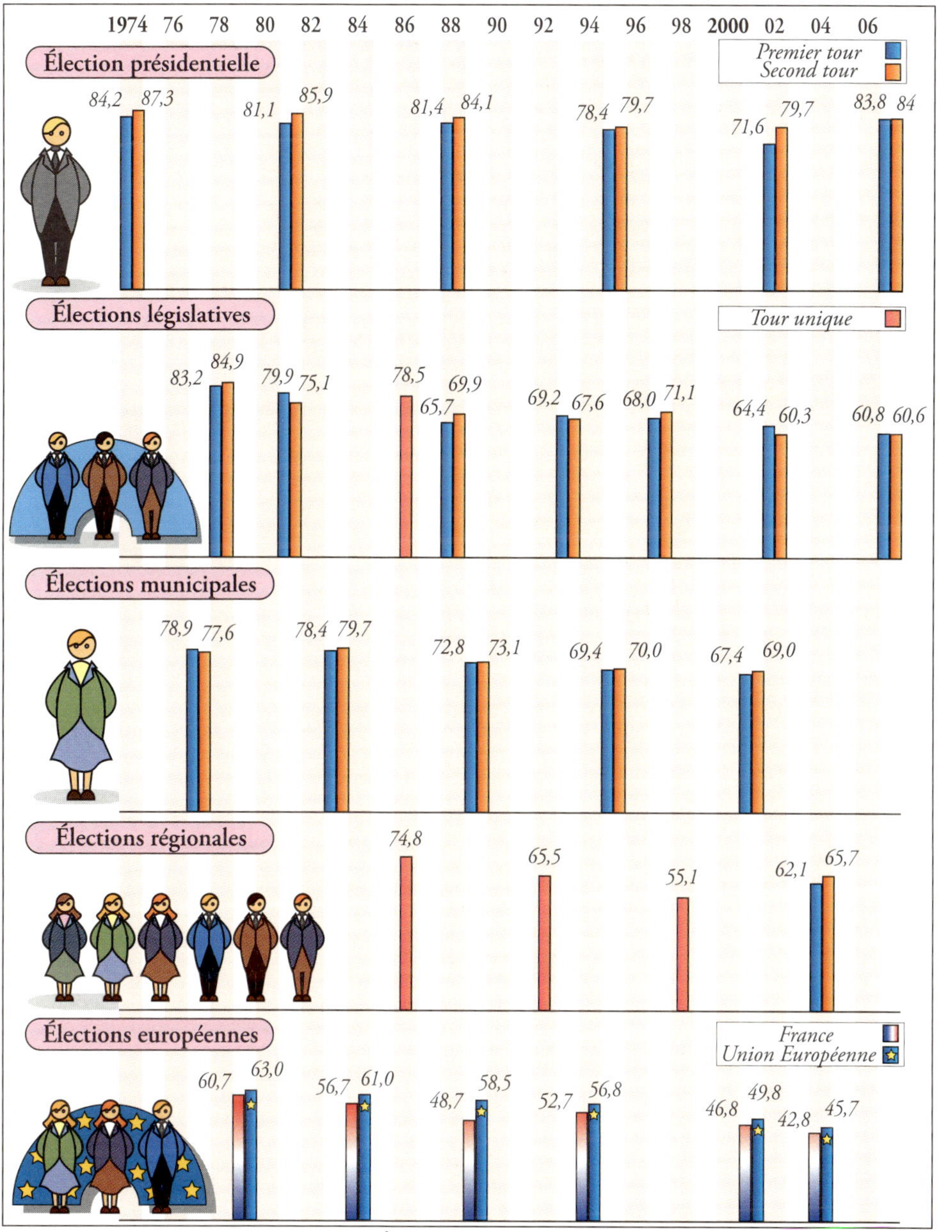

Les principaux partis politiques français

La droite

– Union pour un mouvement populaire (UMP), créée sous l'impulsion de Jacques Chirac au lendemain de sa réélection en 2002 pour réunir la droite dans un parti unique. Le Rassemblement pour la République (RPR), néogaulliste, et Démocratie Libérale (DL) sont dissous. Une fraction de l'Union pour la démocratie française (UDF) rejoint également l'UMP. Nicolas Sarkozy en prend la présidence en 2004 avant d'être élu à la présidence de la République en 2007.

– Nouveau Centre. Issu en 2007 d'une scission de l'Union pour la démocratie française (UDF). Il regroupe autour d'Hervé Morin ceux qui ont soutenu François Bayrou au premier tour de l'élection présidentielle de 2007 et Nicolas Sarkozy au second tour.

– Mouvement Démocrate (MoDem), issu de la transformation de l'UDF par François Bayrou au lendemain de l'élection présidentielle de 2007. Le MoDem n'appartient pas à la majorité. François Bayrou se situe désormais à équidistance de la gauche et de la droite.

– Mouvement pour la France (MPF). Petit parti souverainiste, situé aux confins de la droite et de l'extrême droite. Président et candidat à l'élection présidentielle de 2007 : Philippe de Villiers.

L'extrême droite

– Front national (FN), dirigé par Jean-Marie Le Pen depuis sa fondation, en 1972.

– Mouvement national républicain (MNR), issu d'une scission du Front national, en 1998. Président : Bruno Mégret.

Un parti catégoriel

– Chasse, pêche, nature et traditions (CPNT). Anti-écologiste. Candidat à l'élection présidentielle de 2007 : Frédéric Nihous.

La gauche

– Parti socialiste (PS). Créé par François Mitterrand en 1971, il est actuellement dirigé par François Hollande. Ségolène Royal fut sa candidate à l'élection présidentielle de 2007.

– Parti communiste français (PCF). Sa secrétaire nationale, Marie-George Buffet, fut candidate à l'élection présidentielle de 2007.

– Les Verts. Parti écologiste. Secrétaire nationale : Cécile Duflot. Candidate à l'élection présidentielle de 2007 : Dominique Voynet.

– Mouvement républicain et citoyen (MRC). Petit parti de gauche, souverainiste, issu d'une scission du PS.

L'extrême gauche

– Lutte ouvrière (LO). Parti trotskiste. Porte-parole et candidate à l'élection présidentielle de 2007 : Arlette Laguiller.

– La Ligue communiste révolutionnaire (LCR). Parti trotskiste. Candidat à l'élection présidentielle de 2007 : Olivier Besancenot.

Le financement des partis politiques

Les partis politiques français bénéficient d'un financement public (pour une enveloppe totale d'environ 80 millions d'euros par an). La première fraction est répartie en fonction des suffrages recueillis par chaque parti lors des dernières élections législatives. La seconde fraction est fonction du nombre de parlementaires dont dispose chaque parti.

ment retenue pour les élections municipales et pour les élections régionales ainsi que, exceptionnellement, pour les législatives de 1986. La crise économique, sociale et politique taraude le système politique français. Les «vieux» partis sont incapables de traduire les aspirations – ou les inquiétudes – d'une frange toujours plus importante du corps électoral. L'extrême droite apparaît brutalement sur la scène politique en 1983 et trouve rapidement une assise dans les régions de tradition industrielle, auprès de l'électorat populaire. Le clivage rural/urbain s'exprime autour de l'antagonisme entre chasseurs et écologistes, notamment à l'occasion des élections européennes. La question européenne, justement, taraude les grands partis et provoque au début des années quatre-vingt-dix l'apparition de nouvelles forces politiques, de sensibilité souverainiste, tant à gauche autour de Jean-Pierre Chevènement (qui fait scission du Parti socialiste) qu'à droite autour de Charles Pasqua (qui quitte l'UMP) ou Philippe de Villiers (issu de l'UDF). Tout au long des années 1980 et 1990, les grands partis ne cessent de s'affaiblir quand ils n'explosent pas comme en 1998 l'UDF que les libéraux quittent pour former Démocratie libérale (DL). Aux marges du système, la situation n'est pas plus florissante : le Front national perd la moitié de ses cadres en 1999, lorsque Bruno Mégret fait scission pour créer le Mouvement national républicain (MNR). Et si l'extrême gauche profite de la déconfiture du Parti communiste pour trouver un électorat, les rivalités entre les formations qui la composent semblent insurmontables.

Au début des années 2000, le leadership du RPR sur la droite est assuré, puisque la «droite non gaulliste», rassemblée pendant vingt ans dans un même parti, n'est plus en mesure de cohabiter dans une même formation pour lui faire contrepoids. Celui du PS sur la gauche l'est également, puisque le PC est happé dans la spirale du déclin. Mais le PS et le RPR exercent un duopole en trompe-l'œil. Plus généralement, le score cumulé des deux candidats arrivés en tête au premier tour de l'élection présidentielle ne cesse de décliner : 58,4 % en 1981, 54,0 % en 1988, 44,1 % en 1995. Le scrutin de 2002 est marqué par une dispersion extrême du paysage politique français.

Seize candidats sollicitent le suffrage des Français, dont cinq pour la « gauche plurielle » et quatre pour la droite de gouvernement. Les « petits » sont également divisés : on compte trois candidats pour l'extrême gauche, deux pour l'extrême droite et deux candidats de sensibilité écologiste. Pour la première fois, aucun candidat ne réalise plus de 20 % des suffrages exprimés. Mais c'est surtout l'ordre d'arrivée qui sonne comme « un coup de tonnerre » dans la vie politique française : Lionel Jospin n'arrive qu'en troisième position derrière Jacques Chirac et Jean-Marie Le Pen. L'échec de Lionel Jospin au premier tour garantit indirectement la réélection au second tour de Jacques Chirac.

Le scrutin présidentiel de 2002 clôt un cycle politique. Au lendemain du scrutin, Jacques Chirac unifie la droite en créant un nouveau parti, l'Union pour un mouvement populaire (UMP), que refuse néanmoins de rejoindre François Bayrou. Les législatives de juin 2002 amorcent la rebipolarisation du paysage politique français : l'UMP obtient une majorité absolue de députés. Le PS profite des remords du corps électoral et d'un réflexe de vote utile pour s'affirmer comme la seule force autour de laquelle la gauche peut s'organiser. Le Front national, lui, n'obtient aucun élu. L'UDF de François Bayrou dispose de moins de trente députés mais, pendant la législature 2002-2007, elle va néanmoins tenter de s'installer au centre de l'échiquier politique, pour tirer parti tout à la fois de la droitisation de l'UMP, dont Nicolas Sarkozy devient le président en 2004, et des déboires du PS, qui peine à tirer les leçons de son échec de 2002. Son objectif est d'installer l'UDF à équidistance de la gauche et de la droite, dans la perspective de la présidentielle de 2007. Le premier tour du scrutin est marqué par le vote utile, qui lamine toutes les petites forces politiques au profit des grands candidats. Nicolas Sarkozy recueille 31,2 % et Ségolène Royal 25,9 %, soit un total cumulé de 57,1 %. Au second tour, Nicolas Sarkozy l'emporte sur Ségolène Royal, avec plus de 53 % des suffrages exprimés. Sitôt élu, il pratique « l'ouverture », en appelant au gouvernement des centristes et des socialistes. François Bayrou se retrouve isolé tandis que le PS s'enfonce un peu plus dans la crise. Les élections législatives de 2007, comme celles de 2002, confirment sans surprise le verdict de la présidentielle en offrant une majorité absolue à l'UMP.

Constitution, règle électorale et système partisan dessinent désormais les contours d'un régime où le président, élu pour cinq ans, dispose d'un parti qui lui offre un soutien inconditionnel à l'Assemblée pour mettre en œuvre les orientations sur lesquelles il a été élu. Cinquante ans après sa fondation, la Ve République n'a plus grand-chose à voir avec la constitution des origines. Parmi les vieilles démocraties, le président français est aujourd'hui plus puissant que n'importe quel autre chef d'État ou de gouvernement. Ceci explique sans doute que la question institutionnelle soit à nouveau inscrite à l'agenda politique. Si les pistes de réflexion sont nombreuses, personne ne songe pourtant à revenir sur les réformes de 1962 (l'élection du Président au suffrage universel direct) et de 2000 (la réduction du mandat présidentiel à cinq ans et l'inversion du calendrier électoral). À vrai dire, personne ne songe vraiment à remettre en cause la prééminence du président, sans doute parce que les Français eux-mêmes semblent non seulement s'en satisfaire mais s'en réjouir, comme si la dramaturgie de la campagne présidentielle épanchait pour cinq ans leur soif de politique.

Convenons-en: il est difficile pour une puissance moyenne d'exercer, toute seule, une réelle influence sur une communauté internationale d'une complexité croissante. Agir dans de cadre de l'Union européenne est donc devenu pour la France un principe absolu de politique étrangère, sur les questions de maintien de la paix, de respect du droit international et de coopération multilatérale. La présidence française de l'UE au deuxième semestre 2008 devrait jeter les bases d'une nouvelle diplomatie européenne, plus solidaire et indépendante. En même temps, la France s'affirme dans des initiatives propres. Elle soutient techniquement et financièrement, dans des pays très pauvres de l'Afrique subsaharienne, des projets de développement en partenariat. Les échanges culturels et la coopération scientifique et universitaire sont encouragés et quelque 220 000 étudiants étrangers sont très bien accueillis et guidés pendant leur séjour en France. Enfin, les méthodes d'action culturelle à l'étranger se sont modernisées – la mise en place de l'opérateur Culturesfrance ou celle de la chaîne de télévision France 24 sont des exemples récents d'une politique culturelle depuis longtemps partie intégrante de la politique étrangère française.

5

La France et le monde

Page précédente :
Ambassade de France à Beyrouth.

La France a toujours été un acteur éminent de la scène internationale. En Europe, elle s'est engagée très tôt dans l'œuvre d'unification du continent. Au plan mondial, elle reste attachée à son indépendance, principe essentiel de sa diplomatie depuis le général de Gaulle qui a doté le pays de capacités autonomes de dissuasion nucléaire au temps de la guerre froide. Lorsque la France intervient dans le monde en faveur des droits de l'homme, elle peut se prévaloir des principes de 1789 qui ont inspiré la Déclaration universelle des droits de l'homme, adoptée en 1948 par l'Organisation des Nations unies, au palais du Trocadéro, à Paris.

L'Europe a cinquante ans

les principales étapes de l'unification...

1950. 9 mai. Déclaration du ministre des Affaires étrangères Robert Schuman en faveur d'une union pacifique de l'Europe.

1952. Création de la CECA (Communauté européenne du charbon et de l'acier), France, RFA, Benelux, Italie, pour établir des « solidarités de fait ».

1957. Traités de Rome instituant la CEE (Communauté économique européenne), une union douanière entre les six pays, assortie de politiques communes en matière d'agriculture et d'énergie atomique (Euratom).

1967. Fusion des organes communautaires : le Conseil des ministres et la Commission sont mis en place.

1976. Le Parlement européen est élu au suffrage universel.

1986. Acte unique : le traité communautaire est révisé pour permettre l'achèvement d'un marché unique, c'est-à-dire la libre circulation des biens, des services, des personnes et des capitaux.

1992. Traité de Maastricht : création de l'Union européenne ; décision d'instituer une monnaie commune. L'euro est mis en service dans onze des quinze pays membres le 1er janvier 2002.

1999. Traité d'Amsterdam incluant les Accords de Schengen sur la circulation des personnes dans l'Union.

2005. La France puis les Pays-Bas se prononcent par référendum contre le projet de traité constitutionnel.

2008. 1er juillet. La France assure pour six mois la présidence de l'Union européenne.

... et les élargissements successifs

1957. Traité de Rome. La CEE réunit six pays : France, RFA, Italie et les trois pays du Benelux.

1973. Le Danemark, le Royaume-Uni et l'Irlande adhèrent à la CEE.

1986. Adhésion de l'Espagne et du Portugal.

1991. Adhésion de la Grèce.

1995. Adhésion de l'Autriche, de la Finlande et de la Suède.

En ce début de XXIe siècle, la mondialisation rend nécessaire le renforcement de la coopération multilatérale dans des domaines nouveaux : la France joue souvent un rôle pionnier au sein de l'Union européenne, du Conseil de sécurité à l'ONU ou encore avec ses partenaires du groupe des huit pays les plus industrialisés (G8), qu'il s'agisse du réchauffement climatique, du terrorisme, de la prolifération des armements ou des menaces pesant sur l'approvisionnement énergétique.

Bernard Kouchner, ministre des Affaires étrangères et européennes, avec ses homologues anglais et espagnol : David Miliband et Miguel Angel Moratinos. Quai d'Orsay, le 31 mars 2008.

La nouvelle Europe *(2008)*

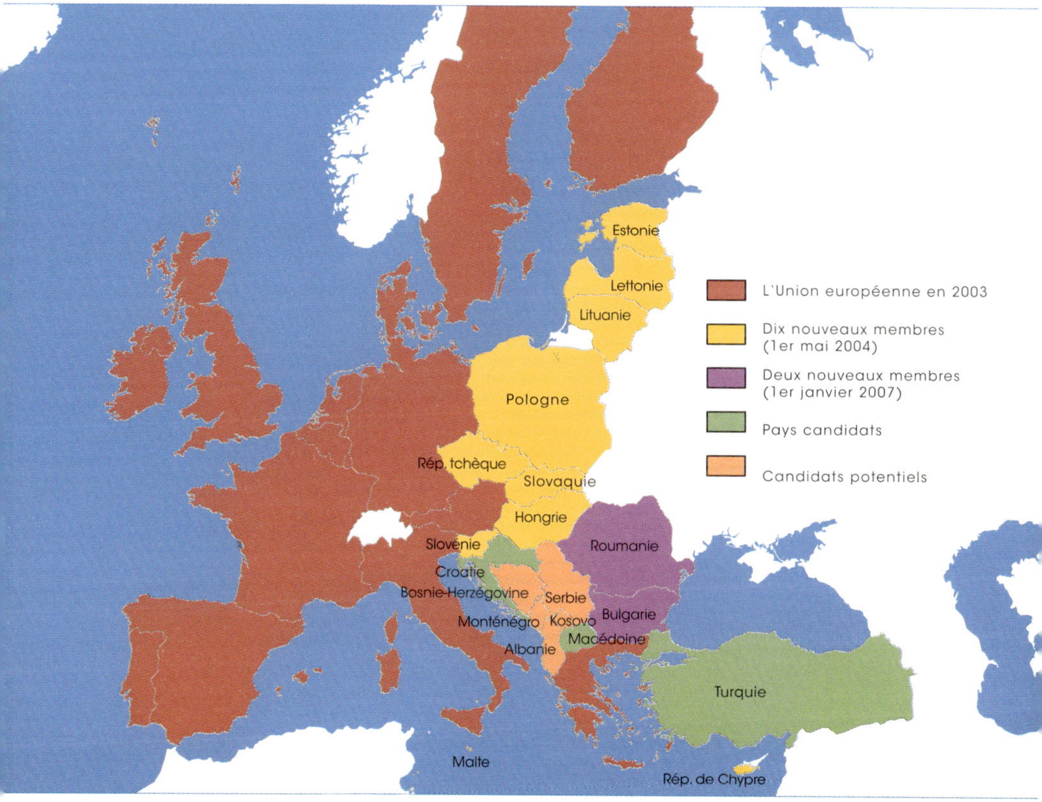

L'Europe, « la priorité absolue »

Robert Schuman* et *Jean Monnet, *les « pères » français de l'Europe communautaire (avec l'Italien Alcide de Gasperi et l'Allemand Konrad Adenauer).*

Bâtiment du Parlement européen *à Strasbourg. Il porte le nom de l'Européenne et féministe Louise Weiss. C'est là que siègent les députés européens, au nombre de 785 depuis 2007.*

Depuis la fin de la seconde guerre mondiale et quelle que soit la majorité au pouvoir, l'Europe est devenue un axe prioritaire de la politique étrangère française. Par la déclaration de son ministre des Affaires étrangères, Robert Schuman, inspirée par Jean Monnet, la France a été à l'origine de la création de la Communauté du charbon et de l'acier avec l'Allemagne, l'Italie et les pays du Benelux. Il s'agissait d'établir « des solidarités de fait », pour reconstruire l'Europe et pour consolider la réconciliation franco-allemande. Dans le même esprit, le traité de Rome a lancé les politiques communes, dont la Politique agricole commune (PAC) que voulait la France.

La chute du mur de Berlin et la réunification allemande en 1989 ont amené la France et l'Allemagne à proposer à ses partenaires une « Union européenne » établie par le traité signé en 1992, à Maastricht. Maastricht, c'est la naissance de la monnaie unique, l'euro, à laquelle participent aujourd'hui treize pays de l'Union européenne (l'Eurogroupe). Mais le traité a aussi prévu une coopération en matière de politique étrangère entre l'ensemble des pays membres de l'Union européenne – l'amorce d'une Europe politique, soutenue par la France. Une politique étrangère de sécurité et de défense commune s'est ainsi progressivement développée au travers d'actions communes sur les principales questions internationales, la mise en place d'opérations européennes de maintien de la paix (Macédoine, Bosnie, RDC...) et l'élaboration d'une « stratégie européenne de sécurité », qui attestent une vision partagée des menaces et des moyens d'y répondre.

Le dernier élargissement de l'Union européenne va dans le sens d'une réunification du continent européen. Mais la tâche n'est pas achevée. La situation de certains pays issus de l'ex-Yougoslavie n'est ainsi pas encore stabilisée, ce qui justifie la poursuite des activités du Tribunal pénal international (TPY) et une forte présence de l'Union sur le terrain (Kosovo, Bosnie), afin de préparer leur intégration.

Pour adapter le fonctionnement de ses institutions à l'élargissement, la France et l'Allemagne ont obtenu, en juin 2007, l'accord de leurs partenaires pour un nouveau traité, modifiant les traités existants, qui sera ratifié en 2008. Il établira une présidence stable du Conseil européen et un haut représentant pour les affaires étrangères et la politique de sécurité ; il élargira le recours au vote à la majorité qualifiée et augmentera les pouvoirs du Parlement européen ; enfin, il associera plus étroitement les parlements nationaux aux décisions de l'Union.

La question institutionnelle réglée, celle de l'avenir du projet européen à l'échéance 2020-2030 se pose. La France souhaite qu'une réflexion soit lancée sur l'avenir de l'Union et sa place dans le monde. Elle estime que l'Union

À Strasbourg également, le siège du ***Conseil de l'Europe****, organisme qui rassemble 47 États du continent. Sa mission est de promouvoir la démocratie et l'État de droit partout en Europe. Ne pas confondre avec le Conseil européen, propre à l'Union européenne.*

doit mieux répondre aux préoccupations de ses citoyens, en particulier dans les domaines de l'immigration, de l'environnement et de la sécurité. C'est là tout l'enjeu de la présidence française du deuxième semestre 2008.

La défense des droits de l'homme

La promotion et la protection des droits de l'homme et des processus de démocratisation est également une composante majeure de la politique étrangère de la France et de l'Union européenne.

Le juriste français René Cassin (prix Nobel de la paix) a été l'un des principaux négociateurs de la Déclaration universelle des droits de l'homme de 1948. Aujourd'hui, la France joue un rôle actif au sein du Conseil des droits de l'homme de l'ONU, qui siège à Genève. Elle y appuie, aux côtés de ses partenaires européens, des résolutions concernant les régions ou les pays où ces droits sont gravement et systématiquement violés et des résolutions sur des thèmes tels que l'extrême pauvreté, les enfants-soldats ou les disparitions forcées. Elle y milite également pour la ratification universelle des conventions protectrices des droits de

À Strasbourg encore, ***le Palais des Droits de l'homme****, siège de la Cour européenne des Droits de l'homme, une juridiction du Conseil de l'Europe (un juge pour chacun des 47 États membres).*

l'homme, par exemple celle qui a établi en 2002 le Tribunal pénal international pour juger les crimes de guerre, les crimes contre l'humanité ou le génocide. Elle lutte contre l'impunité en soutenant, par exemple, les travaux du tribunal qui juge les Khmers rouges au Cambodge.

Au sein de l'Union européenne, la France souhaite donner à la Charte des droits fondamentaux une portée juridique. Au sein de l'Organisation pour la sécurité et la coopération en Europe (OSCE) issue de l'acte final d'Helsinki de 1975, elle veille de la même façon au respect par ses membres, notamment les pays en transition issus de l'URSS, des engagements pris en matière de libertés fondamentales et d'institutions démocratiques, par exemple en participant aux missions d'observation des élections.

Parallèlement, la France renforce sa propre législation en matière des droits de l'homme (loi de 2004 contre l'antisémitisme et le racisme, création en 2005 de la Haute autorité pour la lutte contre les discriminations et pour l'égalité, la Halde, saisie directement par les victimes des discriminations).

La France face aux nouveaux défis globaux

Qu'il s'agisse de maintenir la paix dans le monde ou les équilibres planétaires, la France prône le droit international et la coopération multilatérale.

Le maintien de la paix. L'ONU est la seule organisation universelle à compétence générale et le Conseil de sécurité doit exercer pleinement ses responsabilités uniques pour la paix et la sécurité. Car face à des crises telle celle de l'Irak, il est aujourd'hui établi que le recours unilatéral à la force conduit à l'échec. La France

*New York : une session du **Conseil de sécurité de l'ONU**, présidée par Nicolas Sarkozy sur la crise du Darfour (25 septembre 2007). La France est l'un des cinq membres permanents de ce Conseil (dix autres pays membres sont représentés pour deux ans). À ce titre, elle peut opposer un veto à certaines décisions touchant à la paix et à la sécurité internationale.*

est favorable à l'élargissement du Conseil de sécurité à de nouveaux membres permanents – l'Allemagne, le Japon, l'Inde, le Brésil – et à une juste représentation de l'Afrique.

En Afrique, trop longtemps ensanglantée par des conflits, elle soutient les actions de l'ONU en faveur du maintien de la paix: dans la région des Grands Lacs, en Sierra Leone, au Liberia, en Côte-d'Ivoire, dans la corne de l'Afrique, aujourd'hui au Darfour. Elle joue également un rôle propre en matière de renforcement des capacités africaines (programme RECAMP).

Au Proche-Orient, la France, amie d'Israël et des Palestiniens, plaide pour la reconnaissance de deux États vivant en paix côte à côte. Au Liban, elle soutient la réconciliation nationale et apporte une forte contribution à la force de l'ONU. En Afghanistan, elle participe aux forces de l'OTAN, mais sous égide de l'ONU.

Toutefois, si la France est l'un des premiers contributeurs de l'OTAN, elle souhaite une montée en puissance de l'Union européenne dans la résolution des conflits. Elle est favorable aux progrès de l'Europe de la défense et à la rénovation de l'Alliance atlantique qui sont complémentaires.

La réponse aux défis globaux. Face aux menaces du terrorisme sans frontières, la coopération internationale doit être renforcée. Ainsi, après le 11 septembre 2001, c'est sous la présidence française qu'a été adoptée par le Conseil de sécurité de l'ONU la résolution 1373 imposant aux États de prendre des mesures concrètes contre les auteurs d'actes terroristes, leurs commanditaires et complices. La France

Trois modes d'intervention militaires :
– dans le cadre de l'ONU, pour sécuriser le Liban Sud ;
– soins vétérinaires en Afghanistan ;
– soins infirmiers au Gabon.

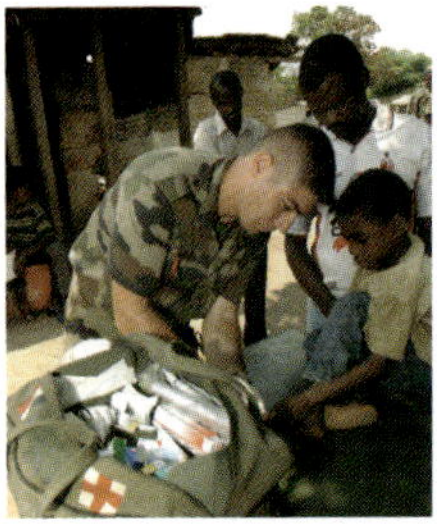

a fait aboutir à l'Assemblée générale de l'ONU une convention contre le financement du terrorisme tandis qu'une convention contre le terrorisme nucléaire était conclue en 2005. Elle agit dans le même sens au sein de l'Union européenne et du G8.

Devant les dangers de la prolifération d'armes de destruction massive, par exemple en Iran, la France est également favorable au renforcement de la coopération internationale (Agence internationale pour l'énergie atomique, Organisation pour l'interdiction des armes chimiques), voire à d'éventuelles politiques de sanctions.

Les objectifs européens du protocole de Kyoto

Le protocole de Kyoto, signé en 1997 par 159 pays, est entré en vigueur en 2005. Son application s'accompagne de la mise en place d'un système d'échange de permis d'émission de gaz à effet de serre.
L'Union européenne s'est engagée à réduire ses émissions de 8 %. En son sein, la France (comme la Finlande) est uniquement censée stabiliser les siennes.

Pour atteindre les objectifs du millénaire pour le développement de l'ONU en vue notamment de réduire la pauvreté en Afrique, la France veut favoriser des **financements innovants** additionnels, telle la contribution de solidarité sur les billets d'avion mise en place en 2006 (recette attendue : 200 millions d'euros) et affectée à l'accès aux traitements pour les victimes du sida, de la tuberculose et du paludisme dans les pays pauvres. Cette initiative figure à l'ordre du jour de l'ONU, des organisations financières internationales, du G8 et de l'Union européenne.

À l'ONU, au sein de l'Union européenne et à l'OSCE, elle a fait adopter des instruments de contrôle des trafics d'armes, notamment les armes de petit calibre particulièrement meurtrières dans les conflits en Afrique. Contre les trafics de drogue et la criminalité organisée, elle agit aussi pour le renforcement de la coopération multilatérale.

Enfin, contre le réchauffement climatique et la pollution de l'eau, bien public mondial, la France milite pour une organisation mondiale de l'environnement et pour l'universalisation du protocole de Kyoto réduisant les émissions de CO_2.

Contre les grandes pandémies, tel le sida, la France a pris l'initiative de modes innovants de financement.

L'aide au développement et l'action humanitaire

Dès les lendemains de la décolonisation, le général de Gaulle développait l'aide aux États nouvellement indépendants d'Afrique et du Maghreb. La France est aujourd'hui, avec 0,5% de son PIB, le plus généreux donateur parmi les grands pays industrialisés et elle compte porter son effort à 0,7% en 2015. Elle a réussi à rallier la communauté internationale à sa proposition d'annuler la dette des pays les plus pauvres.

La France se concerte chaque année avec les pays africains dans le cadre des sommets France-Afrique, désormais ouverts à l'ensemble des pays du continent.

Elle contribue à hauteur de 18% à l'aide au développement apportée par l'Union européenne, et participe aux programmes multilatéraux d'aide des banques de développement et de l'ONU. La majorité de l'aide de la France est consentie sous une forme bilatérale, principalement en Afrique subsaharienne, par le canal du ministère des Affaires étrangères et de l'Agence française de développement, qui soutiennent plus de cinq cents projets de développement par an, apportent une assistance technique et offrent des programmes de bourses de formation en France. L'accent est mis sur le développement des infrastructures, sur l'accès aux soins et à l'éducation, sur la mise en place de politiques économiques adaptées et sur la consolidation de l'État de droit et de la démocratie. Les collectivités territoriales et les organisations non gouvernementales (ONG) françaises apportent également leur contribution.

Les drames humains nés des migrations clandestines ont amené la France à mettre en place des aides au codéveloppement, avec un double objectif: offrir aux candidats à l'immigration clandestine des possibilités d'emploi dans leur propre pays et proposer à ceux qui souhaitent y rentrer des facilités d'investissements.

La France, qui prône « le devoir de protéger » et dont l'expertise (sécurité civile, équipements hospitaliers) et celle de ses ONG sont mondialement reconnues, apporte son assistance aux populations affectées par les conflits, les catastrophes naturelles ou les grandes pandémies.

L'affirmation de la France à l'ONU
Le président de la République, qui vient d'être élu, tient une conférence de presse lors de l'Assemblée générale des Nations unies (octobre 2007), à ses côtés les ministres et secrétaire d'État Bernard Kouchner, Nathalie Kosciusko-Morizet et Jean-Louis Borloo.

Les partenariats bilatéraux

Le renforcement de la coopération internationale et le développement des relations économiques et technologiques passent par de solides partenariats bilatéraux. La France coopère pour la résolution des conflits régionaux et la lutte contre le terrorisme avec les États-Unis et elle œuvre pour le développement du partenariat – par exemple dans le domaine énergétique – entre la Russie et l'Union.

Avec les pays de la rive sud de la Méditerranée, la France, qui entretient avec les pays du Maghreb notamment des liens humains très forts, souhaite aller au-delà du processus euro-méditerranéen de Barcelone. C'est l'idée d'une Union de la Méditerranée.

La France renforce ses relations technologiques et culturelles et a établi un riche dialogue politique avec les puissances émergentes d'Asie et d'Amérique latine.

La France entretient des rapports privilégiés avec l'Afrique, francophone ou non, sous la forme de sommets réunis régulièrement et dénommés ***Conférence des chefs d'État d'Afrique et de France****.*
La participation des pays africains a quintuplé depuis l'origine (1973). À Bamako (Mali) en 2005, 51 pays sur 54 ont pris part aux débats avec le Président français Jacques Chirac.

Le ministère des Affaires étrangères et européennes est installé dans l'hôtel de Montesquiou, sur le quai d'Orsay (par métonymie, on le nomme souvent ***«le Quai»****), depuis 1857.*

Elle est ainsi favorable à l'institutionnalisation du dialogue entre le G8 et les grands pays émergents que sont la Chine, l'Inde, le Brésil, le Mexique et l'Afrique du Sud en vue d'établir à terme un G13, car la réponse aux défis globaux rend indispensable la reconnaissance de responsabilités communes.

Dotée du réseau d'ambassades bilatérales – 158 – le plus dense après celui des États-Unis, la France s'attache à entretenir des relations propices au développement des échanges humains, économiques et culturels.

Le rayonnement culturel et la francophonie

La France a obtenu en 2005 à l'UNESCO l'adoption d'une convention sur la diversité culturelle et linguistique ; elle attache depuis longtemps une grande importance aux échanges culturels (cinéma, théâtre, arts, livres, idées, médias), à la promotion de la langue française et au plurilinguisme. À cet effet, elle entretient un important réseau d'instituts culturels, d'alliances françaises et de lycées français à travers le monde. Elle contribue au renforcement de la présence de ses médias (TV5, France 24, RFI).

Culturesfrance

L'association Culturesfrance, opérateur du ministère des Affaires étrangères et européennes et du ministère de la Culture pour les échanges culturels internationaux, associe à ses programmes des partenaires français ou étrangers, publics ou privés, des régions ou des villes françaises.

Culturesfrance soutient la création française dans le monde, sous toutes ses formes (art de la scène et du spectacle, arts visuels, architecture, livres et écrits, cinéma, etc.) et favorise le dialogue entre les cultures par des opérations croisées, des saisons culturelles entre la France et ses partenaires étrangers : chaque année, près de 5 000 auteurs et créateurs bénéficient de son accompagnement et près de 20 millions de personnes assistent, dans le monde, à des événements culturels qu'elle soutient.

La promotion de la langue française, parlée par plus de 180 millions de personnes, est aussi soutenue par l'Organisation internationale de la francophonie (OIF), qui rassemble 63 États et gouvernements et qui entretient des programmes d'échanges culturels entre ses membres (Afrique francophone, Maghreb, Amérique du Nord, Proche-Orient, Caraïbe, océan Indien, Europe, ex-Indochine, Pacifique). Les chefs d'État et de gouvernement se réunissent en sommet tous les deux ans. L'OIF s'est aussi engagée à défendre les valeurs démocratiques et les droits de l'homme parmi ses membres.

Enfin, la France veut renforcer sa position sur le marché international de l'économie du savoir en exportant l'enseignement supérieur en français ou «à la française» et en cherchant à attirer et à fidéliser les meilleurs étudiants étrangers par des programmes d'échanges et de mobilité.

Rencontre de Alain Joyandet, secrétaire d'État chargé de la Coopération et de la Francophonie, avec Abdou Diouf, Secrétaire général de l'Organisation internationale de la Francophonie. (Paris, le 20 mars 2008)

La France est la cinquième puissance économique mondiale. Le revenu par habitant dégagé par la production des bien et des services se situe parmi les meilleurs d'Europe, et la productivité du travail est parmi les plus fortes au monde...
L'internationalisation de l'économie française est un fait. On la mesure au dynamisme des échanges, vers l'Europe et vers le monde. On l'observe également sur le mouvement des capitaux: la France est à la fois un investisseur majeur à l'étranger et une terre d'accueil privilégiée de l'investissement international.
Mais, dans un contexte extrêmement concurrentiel, la France a besoin d'accélére le rythme de croissance de son économie et d'améliorer l'équilibre de ses échanges. Une politique de relance est engagée. Elle se fond sur un accroissement du pouvoir d'achat des ménages. Elle passera nécessairement aussi par la conquête de nouvelles positions dans les zones les plus dynamiques de l'économie mondiale, le développement de l'offre de produits et de services innovants a forte valeur ajoutée, et par un dynamisme nouveau des entreprises moyennes.

6

Un tableau de l'économie française

La France est assurément un pays attrayant: la première destination touristique de la planète! Sa réputation dans la gastronomie ou l'industrie du luxe, par exemple, n'est plus à faire. Cela fait souvent oublier que le haut niveau de vie des Français repose sur une économie dynamique, attractive aussi pour les capitaux étrangers. Cette économie, longtemps protégée, est désormais ouverte sur l'Europe et sur le monde; elle est tirée par l'accélération des échanges et l'externationalisation croissante de ses entreprises. Mais les mutations en cours, dictées par la mondialisation et par le bouleversement de la structure financière des groupes depuis les années quatre-vingt-dix, lui posent encore de multiples problèmes d'adaptation. Elle souffre d'une croissance insuffisante et d'une balance commerciale déficitaire alors même que la productivité du travail s'inscrit parmi les meilleures au monde, que le niveau de consommation des ménages reste bon, et que le marché de l'emploi s'améliore.

Page précédente :
***La Défense**, aux portes ouest de Paris, est le premier quartier d'affaires européen.*

***Les Champs Élysées**.*
La plupart des grandes enseignes du luxe et de la mode (ici Louis Vuitton) ont leur « boutique » sur l'avenue et dans les rues adjacentes. Un quartier qui devient trop cher pour beaucoup.

La France, puissance économique

La France est la cinquième puissance économique mondiale. Elle a réalisé en 2006 un produit intérieur brut (PIB) de 1792 milliards d'euros – ce qui correspond à un PIB par habitant de 28356 euros. Son taux de croissance, en dents de scie depuis plusieurs années (1,1% en 2003, 2,3% en 2004, 1,7% en 2005, 2,0% en 2006), reste cependant en dessous de la moyenne des pays de l'OCDE (2,5% en 2006).La croissance du PIB en France est due au développement général de l'activité économique du pays. La capacité des Français à produire des richesses augmente. La France est, et reste, la première puissance agricole européenne. Elle détient une position phare en Europe dans l'aérospatiale, l'armement et les industries agroalimentaires. Dans les dernières années, ce sont la construction et les biens d'équipement électriques et électroniques qui ont le plus contribué à la croissance du PIB. D'une manière générale, l'investissement reste dynamique, mais les stratégies des firmes, industrielles notamment, sont de plus en plus tributaires du poids, dans leur capital, des investisseurs et des marchés financiers. Quant aux PME, dont le tissu est si vital pour le pays, elles créent beaucoup d'emplois. Mais à l'exportation, elles n'ont pas les performances de leurs homologues allemandes.

Le PIB français s'améliore...

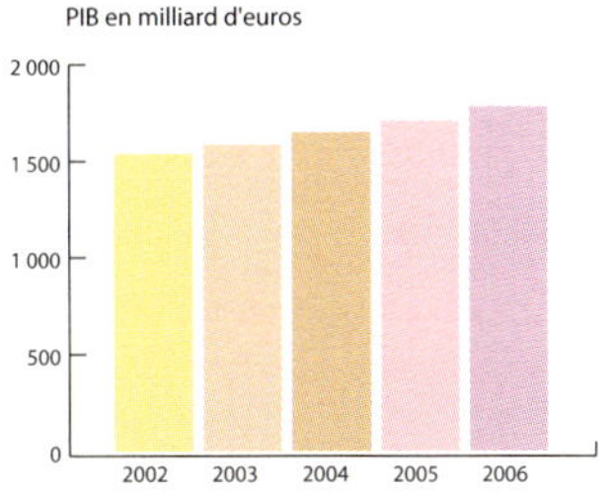

Le taux de croissance stagne.

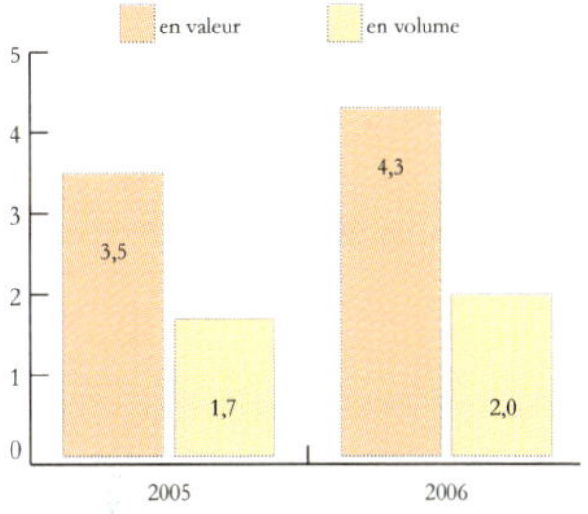

Source : Insee, Comptes nationaux.

Des exportations dynamiques...

L'accroissement du PIB s'explique aussi par la bonne insertion de la France en Europe et dans le monde. La France se positionne comme la deuxième puissance économique exportatrice en Europe, derrière l'Allemagne. Elle réalise les deux tiers de son commerce extérieur avec ses partenaires de l'Union européenne. Mais elle se distingue d'eux en ce que, traditionnellement, une bonne part de ses échanges sont orientés vers l'Afrique, le Proche et le Moyen-Orient. Pour les exportations vers l'Afrique, elle occupe la toute première place des pays européens.

Le site France, ses principaux secteurs et résultats en 2006

Bâtiment et travaux publics

Emploient *1 597 000 personnes*

Chiffre d'affaires *137 milliards d'euros*

Trois grands groupes français parmi les premiers bâtisseurs européens : **Vinci, Bouygues et Eiffage.**

Industries agroalimentaires

(industries de la viande, du lait, du grain, aliments pour animaux, boissons et alcools)

Emploient *390 000 personnes*

Chiffre d'affaires *139,7 milliards d'euros*

Parmi les grands groupes : **Danone, Nestlé France, Lactalis, Pernod-Ricard, Alta, Bongrain.**
La France est le premier exportateur et le deuxième producteur de l'UE.

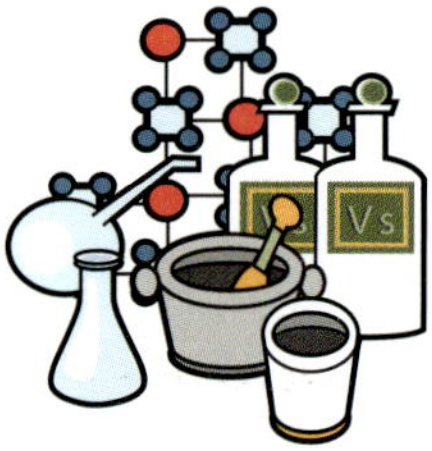

Industries chimiques

Emploient *231 400 personnes*

Chiffre d'affaires *96 milliards d'euros*

Parmi les principales entreprises : **Air Liquide, Rhodia, Hutchinson.**

Industries de la mode et du luxe

(haute couture, joaillerie, bijouterie, maroquinerie de luxe, parfumerie, cosmétiques, cristallerie)

Emploient *150 000 personnes*

Chiffre d'affaires *35 milliards d'euros.*

Parmi les principaux groupes : **LVMH, Chanel, Hermès international.**

Industrie pharmaceutique

(industries de la viande, du lait, du grain, aliments pour animaux, boissons et alcools)

Emploient *100 000 personnes*

Chiffre d'affaires *40,6 milliards d'euros.*

Parmi les entreprises phares : **Sanofi-Aventis, Pierre Fabre, Servier.**
La France est le premier producteur de l'Union européenne et le troisième exportateur mondial.

Industrie automobile

Emploie — *320 000 personnes*
Chiffre d'affaires — *109 milliards d'euros*

Les marques françaises en tête du secteur : **PSA (Peugeot-Citroën)** et **Renault.** Leurs modèles, notamment **la Twingo**, **la Laguna** et **la Peugeot 308**, ont dopé l'ensemble du secteur, la sous-traitance comprise. La France est le quatrième exportateur mondial de voitures particulières (fort excédent à l'exportation en 2006 : 12,2 milliards d'euros et 4,7 % d'augmentation de la production).

Métallurgie, transformation des matériaux

(acier, aluminium, verre, plastiques, caoutchouc)

Chiffre d'affaires — *65,1 millliards d'euros*

Arcelor-Mittal (transformation de l'acier), **Saint-Gobain**, premier producteur de verre et deuxième exportateur mondial. **Plastic Omnium** et **Sommier Allibert** sont les deux leaders français de la transformation des plastiques. **Michelin** est le premier producteur mondial de pneumatiques.

Télécommunications et technologies de l'information et de la communication

Chiffre d'affaires — *45 milliards d'euros*

Les entreprises : **France Telecom** (47 % du marché), **Cegetel-SFR** (35,8 %), **Bouygues Telecom** (17,2 %). **Alcatel-Lucent**, quatrième fabricant d'équipements de télécommunications, est leader mondial des réseaux câblés sous-marins.

Industrie aéronautique et spatiale

Emploie — *132 000 personnes*
Chiffre d'affaires — *32,1 milliards d'euros*

Entreprises : **EADS** (**Airbus, Eurocopter, Astrium, MBDA**, ...), **Dassault Aviation, Snecma, Arianespace**.

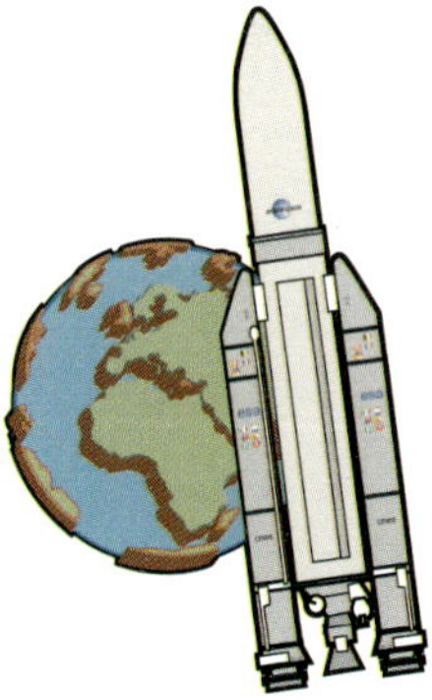

Le secteur touristique

Emploie — *894 000 personnes*

Plus de **203 000 entreprises** (hébergement, restauration, agences de voyages, etc.) vivent du tourisme. La consommation touristique française et étrangère, dans l'Hexagone représente **6,3% du PIB français** (en euros constants) pour l'année 2006. La France a accueilli **79 millions** de touristes étrangers cette année-là (+4,3% par rapport à 2005).

Source : SESSI – Enquêtes annuelles entreprises, 2006.

La production légumière bretonne de plein champ (ici des artichauts mais aussi choux-fleurs, petits pois, etc.) alimente un flux important d'exportation vers l'Europe et outre-Atlantique.

Au premier plan de ces exportations, les biens d'équipement qui affichaient un niveau historique en 2006, avec une progression de 15,5% en un an. Raison principale: les livraisons d'Airbus. Elles ont totalisé, avec 256 appareils vendus, 15,2 milliards d'euros – un score stabilisé après les retards de fabrication de l'A380 et les difficultés internes du consortium qui l'ont affaibli un temps face à Boeing en 2007. Les exportations de métaux et de composants électriques progressent bien elles aussi. L'agroalimentaire, qui traditionnellement pèse lourd dans le commerce extérieur français, marque un peu le pas (+ 6% seulement en 2006); ce secteur commence à perdre des parts de marché face aux pays émergents. La France reste cependant le deuxième exportateur mondial dans ce domaine, derrière les États-Unis.

... mais une balance commerciale déficitaire

Malgré ce palmarès, la France affiche une balance commerciale déficitaire, – 29,2 milliards d'euros en 2006, alors que, il faut le souligner, excédentaire jusqu'en 1991, elle avait gardé une assez bonne tenue jusqu'en 1998.

Les explications? Les exportations progressent à un rythme plus lent que les importations. Et les importations de biens de consommation augmentent parce que la consommation intérieure reste élevée, plus qu'en Allemagne par exemple. La facture énergétique, qui a triplé depuis 2004, joue un rôle certain. La France, en effet, possède peu de gisements (gaz, pétrole, uranium) et doit donc importer une grande partie de son énergie malgré le choix du nucléaire pour la production électrique. Une autre explication tient à l'appréciation de l'euro: le niveau élevé de la monnaie européenne par rapport à la monnaie de l'économie dominante, le dollar, pénalise les exportations et freine la croissance dans l'ensemble de l'Union européenne où la France trouve ses principaux clients.

En tout état de cause, pour l'Institut national de la statistique et des études économiques (Insee), c'est bien le commerce extérieur déficitaire qui a constitué le point noir de la faible croissance enregistrée durant ces dernières années. Ce déficit est un symptôme du manque d'agressivité commerciale des entreprises en direction des pays émergents en forte croissance comme la Chine et l'Inde, pour ne citer que les principaux.

Les créations d'emplois se consolident

Paradoxe encore, au regard d'une croissance économique insuffisante, le front de l'emploi s'améliore : les années 2006 et 2007 confirment la baisse du chômage et une reprise de l'emploi (près de 300 000 emplois créés en 2007). Toutefois, la structure du marché du travail conserve les mêmes tendances : l'emploi industriel continue de décroître, avec une perte d'environ 1,5 million d'emplois entre 1980 et 2004 – un chiffre cependant moindre que celui de l'Allemagne ; il ne représente plus que 17 % des

emplois en France. Cela est dû à des gains substantiels de productivité, mais aussi au phénomène d'externalisation : on estime que près de la moitié des services aux entreprises sont destinés à l'industrie, ce qui nuance l'analyse de la dynamique propre de l'emploi industriel. Le bâtiment ne cesse de créer des emplois depuis huit ans (+ 65 000 en 2007) et crie même à la pénurie de main-d'œuvre. Autre tendance positive de l'emploi en France : l'accroissement des effectifs des services à la personne et dans l'immobilier, et surtout, nous l'avons dit, les embauches dans les petites et moyennes entreprises.

***Salon nautique** 2007 au Palais des expositions de la porte de Versailles à Paris. Le groupe Bénéteau est le leader mondial des constructeurs de voiliers.*

La France attire les investissements étrangers

Selon le rapport annuel 2006 de la CNUCED (Conférence des Nations unies sur le commerce et le développement), la France est l'un des pays les plus attractifs au monde pour les investisseurs étrangers, classé troisième pour l'accueil des flux d'investissements, derrière le Royaume-Uni, les États-Unis et la Chine. Quelques chiffres : les investissements directs étrangers (IDE) en France ont connu une hausse de 7,3 milliards par rapport à l'année précédente. Les emplois qu'ils engendrent progressent régulièrement depuis quatre ans – un impact fort sur la création d'emplois en France. Avec 40 000 postes nouveaux ou maintenus d'origine étrangère en 2006, ils ont crû de 32,7 % par rapport à l'année précédente.

Quant à la distribution par secteur de ces emplois étrangers, c'est sans conteste l'industrie qui l'emporte, en globalisant près de 63,5 % des créations totales d'emplois, avec 25 409 postes créés ou maintenus, soit une hausse de

6500 postes par rapport à 2005. Trois secteurs sont particulièrement moteurs. Pour l'année 2006, citons : dans le secteur de la chimie, le Chinois BlueStar et l'Allemand PPC SAS (Potasse et produits chimiques) qui a repris l'usine d'Albermale à Thann en Alsace ; dans le secteur des machines et équipements, les extensions de sites réalisées par Liehbehr, Blinker, JTC, UBC ; dans l'aéronautique, l'extension réalisée à Marignane (Bouches-du-Rhône) par Eurocopter (200 emplois créés).

Une enseigne de la grande distribution française à Shanghai.

Vient ensuite le secteur des services, avec 13% du total des emplois étrangers créés en France. Si les logiciels perdent du terrain – après, il faut le souligner, une année 2005 exceptionnelle – , les activités de services aux entreprises réalisent une forte progression, notamment dans le conseil et l'ingénierie.

GSK, le laboratoire britannique GlaxoSmithKline

GSK, deuxième groupe mondial du secteur pharmaceutique, 100000 salariés répartis dans 116 pays, a choisi d'investir 500 millions d'euros en septembre 2006 sur le site de sa filiale française qui produit des vaccins, Sterilyo, à Saint-Amand-les-Eaux. Avec 56650 collaborateurs, GSK France est déjà la première filiale européenne du groupe.

Ce nouveau projet, destiné à optimiser la production des vaccins, notamment le Cervarix® contre le cancer du col de l'utérus, devrait créer 300 emplois nouveaux d'ici 2009 et à l'horizon 2011, accueillir 750 collaborateurs hautement qualifiés. En compétition avec l'Angleterre, la Belgique, la Hongrie et l'Irlande, la France n'a pas manqué d'atouts, parmi lesquels :

– les bons résultats du site de production de sa filiale ;
– la compétence et la qualification des personnels ;
– la bonne position géographique ;
– la première place de la France dans le marché des médicaments ;
– la reconnaissance de la propriété intellectuelle ;
– un mécanisme très attractif de crédit d'impôts basé sur les investissements ;
– une très efficace réactivité des sphères politiques et administratives ;
– l'engagement fort de l'État en faveur des industriels de santé (sept pôles de compétitivité sont dédiés à la biopharmacie).

Federal Express (FedEx)

Pour Fred Smith, fondateur et dirigeant de l'entreprise américaine Federal Express (FedEx), le développement de FedEx à Roissy-CDG est une *« win-win situation »*.

Leader mondial du transport express – 275 000 salariés dans le monde, 650 avions desservant 215 pays – FedEx est implantée en France depuis 1993. Son centre de tri européen, installé à Roissy-CDG en 1999, qui centralise le transit et organise la redistribution des colis en Europe et dans le monde, est devenu le plus grand *hub* de FedEx situé hors des États-Unis. Afin de développer ses activités, FedEx a créé 300 emplois nouveaux en 2007, en France plutôt qu'en Allemagne ou au Royaume-Uni. Ses atouts ?

- le site international de Roissy, ses bonnes conditions en trafic, logistique et météorologie ;
- les bonnes perspectives de développement du fret express aérien et ferroviaire ;
- la qualité des partenariats Air France/La Poste ;
- la qualité des relations avec les autorités françaises (procédures douanières, recrutement de personnel, etc.).

Pourquoi cette attraction ?

Paris et la région Île-de-France : deuxième pôle mondial d'implantation des quartiers généraux des entreprises multinationales, après Tokyo et devant Londres.

Les principales régions françaises bénéficiaires sont l'Île-de-France, Rhône-Alpes, Provence-Côte-d'Azur, le Nord-Pas-de-Calais et Midi-Pyrénées. L'excellence des pôles de compétitivité commence à peser dans le choix des investisseurs de s'implanter en France. Mise en place en 2004, la politique française des pôles de compétitivité a prévu un dispositif de soutien jusqu'à la fin de l'année 2008. (*Voir le chapitre 2*).

Un hall de l'aéroport de Roissy-Charles de Gaulle

Les attraits du site France sont multiples. Une bonne position géographique et un climat agréable sans doute, mais surtout, l'appartenance à un marché de 450 millions de consommateurs, au PNB supérieur à celui des États-Unis. Le réseau routier le plus performant d'Europe selon l'International Road Federation : 9 626 kilomètres d'autoroutes, 586 000 de routes. Côté ciel, La France occupe le troisième rang européen : 120 aéroports accueillent du trafic commercial et desservent 130 pays *via* 6 200 vols hebdomadaires. En pôle position européenne : Roissy-Charles-de-Gaulle (Roissy-CDG), près de Paris. Côté rail, ce n'est évidemment pas une surprise, la France fait le plein de qualités ! Densité, rapidité, sécurité, fréquence et confort. Et bien sûr l'incomparable vitrine technologique, le dévoreur de kilomètres au nez pointu, la vedette, la superstar : le Train à grande vitesse, 1 540 kilomètres de lignes, et des connexions au réseau européen. Depuis la première ligne

Paris-Lyon, mise en service il y a vingt-cinq ans, le train le plus rapide du monde n'en finit pas d'aller plus vite et plus loin. L'entrée en service le 10 juin 2007 du «TGV Est européen» est tout un symbole pour l'axe franco-allemand, avec l'ouverture des liaisons vers Stuttgart et Munich, avant de relier, dans le futur, Bratislava, Vienne, Budapest..., et pour l'Europe : Strasbourg, capitale de la région Alsace où siègent le Parlement européen, le Conseil de l'Europe et la Cour européenne des droits de l'homme, ne sera plus qu'à deux heures vingt de Paris, au lieu de quatre précédemment. Quant au transport maritime et fluvial, rappelons qu'un tiers des principaux ports européens sont français.

Une main-d'œuvre de qualité et une protection sociale enviée

La santé économique d'un pays ne se mesure pas seulement par des indicateurs quantitatifs. Les facteurs humains comptent aussi, telle la qualité de main-d'œuvre. En France, la formation dispensée dans les écoles et les universités permet à 39% des 25-34 ans d'achever leurs

__La France a plus d'un train d'avance__. Avec le Korea Train Express (KTX), qui a parcouru la première ligne ferroviaire coréenne à grande vitesse entre Séoul et Pusan en 2004, la Corée du Sud est le premier pays d'Asie à utiliser la technologie française du TGV (train à grande vitesse). Le Maroc, avec une ligne prévue entre Tanger et Marrakech, sera le premier d'Afrique. Et le TGV vise désormais la Chine...

Transport et logistique, l'atout du site France

La France occupe dans l'histoire commerciale une place majeure du fait de sa position entre l'Europe du Nord et la Méditerranée. Aujourd'hui, elle est encore un acteur essentiel des évolutions des transports.

Transport et logistique emploient d'ailleurs en France plus de 887 000 personnes ; ils concernent 8 à 12 % du chiffre d'affaires des entreprises françaises. C'est la plate-forme logistique européenne que de nombreuses entreprises étrangères ont choisie pour la qualité et la réactivité du service, et pour son prix modéré. Des exemples : FedEx, Ikéa, Yamaha Motors, Koyo Steering Europe, Toyota, Columbia Sportswear, Siemens, Coca-Co, Yamaha Motors.

L'Île-de-France, au cœur du Bassin parisien, constitue déjà un pôle logistique d'importance : 955 millions de mètres carrés d'entrepôts et les aéroports Roissy-CDG et Orly qui totalisent 20 % du fret global de l'Union européenne. C'est aussi la région d'Europe qui concentre le plus de projets d'implantations.

Les zones portuaires de Marseille-Fos, du Havre-Rouen, de Dunkerque et les zones aéroportuaires de Marseille Marignane, Lyon Saint-Exupéry, Vatry, Châteauroux-Deols lié à ADP (Aéroports de Paris) confirment leur vocation de pôles logistiques.

La sécurité sociale s'exporte. La France a été retenue en 2006 pour étudier un système de régulation du médicament en Pologne.

*Salle d'examen par IRM (imagerie à résonance magnétique) dans le dernier-né et ultra-moderne établissement parisien, **l'Hôpital européen Georges-Pompidou**.*

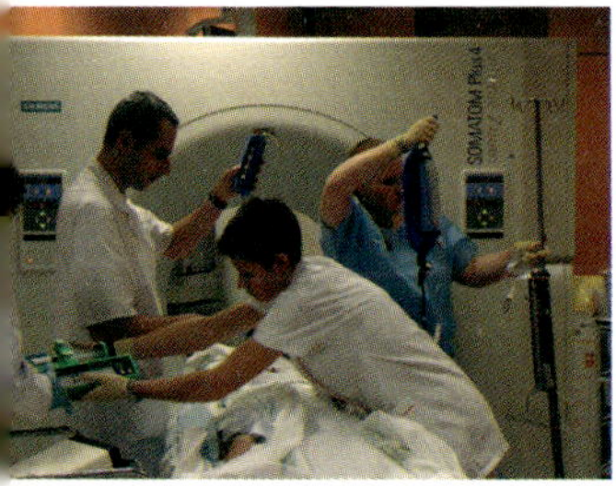

études et de fournir aux entreprises un personnel qualifié, et aux salariés et non-salariés d'accéder à des cycles de formation continue au cours de leur vie active. Une nouvelle procédure dite de validation des acquis de l'expérience permet, de plus, d'obtenir un diplôme ou un certificat de qualification fondé sur la pratique d'un métier.

Le système de santé français explique également la qualité de la main-d'œuvre. Santé que les Français doivent à la performance de leur système de protection sociale, « gagnant-gagnant » pour les salariés et les entreprises. Il prend en charge la maladie, les accidents, y compris les accidents du travail, et les retraites ainsi que la maternité, avec le bénéfice d'un congé de seize semaines pour les femmes et de onze jours pour les pères, ainsi qu'un congé parental d'éducation qui permet de suspendre son contrat jusqu'aux trois ans de l'enfant. C'est là un élément fondateur de l'État de droit français qui s'efforce d'instaurer dans une économie de marché un équilibre propice à la justice, à la cohésion et à la paix sociale. Le droit du travail

se veut un rempart capable de protéger les plus vulnérables. Il prévoit un partenariat entre les syndicats et les employeurs qui régit, au sein des conventions collectives professionnelles, les conditions de travail, d'hygiène et de sécurité ainsi que les règlements des conflits. Dans ce domaine, les préjugés ont la vie dure : la France est encore trop souvent qualifiée de terre de conflits sociaux – un préjugé qui ne tient pas devant des chiffres comparatifs.

Le financement de ce système est coûteux pour les salariés et pour les entreprises. Mais, là encore, il faudrait renvoyer aux oubliettes quelques idées reçues concernant le coût et la productivité du travail en France. Selon le bureau du travail américain, le coût de la main-d'œuvre ouvrière en France est très correct, comparable à celui du Royaume-Uni. Un constat confirmé par l'OCDE qui ajoute qu'il est inférieur de plus de 20% à celui des États-Unis et de plus de 40% à celui de l'Allemagne. En termes de productivité horaire, la France se hisse donc au premier rang des grands pays.

Le nombre des grèves en France ne cesse de diminuer depuis 1985. Aussi fréquentes qu'au Royaume-Uni, beaucoup moins nombreuses qu'aux États-Unis, en Italie et en Espagne, elles sont souvent moins longues qu'aux États-Unis. Si elles sont plus visibles, c'est qu'elles touchent essentiellement les services centraux. À partir de 2008 le droit de grève sera davantage encadré par l'instauration d'un service minimal généralisé, en particulier dans les secteurs de La Poste et des transports collectifs.

Pour la période 1999-2003, les jours individuels non travaillés (JINT), par an et pour mille salariés : France et Royaume-Uni : 10 jours ; États-Unis : 20 jours ; Italie : 30 jours. (Source : BIT).

Les 35 heures

Pour le temps de travail, il faut savoir que des lois de 1998 et 2000 ont abaissé la durée légale hebdomadaire

Les salaires, encadrés par deux institutions

Le minimum garanti, parent du SMIG (salaire minimum interprofessionnel garanti, créé par la loi du 11 février 1950) sert d'étalon pour le calcul d'allocations et des plafonds de ressources...

Quant au SMIC (salaire minimum interprofessionnel de croissance), il assure désormais aux salariés non plus seulement la garantie d'un minimum vital mais bien « une participation au développement économique de la nation » (Code du travail, art. L. 141-2).

Les salaires en France sont, comme dans la majorité des pays européens d'aujourd'hui, assis sur un SMIC national. On a longtemps pensé que le SMIC avait un effet négatif sur la croissance et l'emploi. L'exemple britannique, avec l'entrée en vigueur du SMIC en 1999, semble prouver le contraire.

Depuis le 1er juillet 2007, le SMIC horaire est de 8,44 euros, le SMIC mensuel pour 35 heures de 1 280,09 euros.

du travail de 39 à 35 heures. « Les 35 heures » – à l'origine une revendication syndicale pour faire face à un chômage chronique, répartir le travail disponible et corriger les dures réalités d'une société postindustrielle où l'on produit toujours plus avec toujours moins de personnes – auraient créé près de 400 000 emplois. Cette loi est très contestée par les PME qui ont des difficultés à l'appliquer. Mais elle a eu des effets positifs dans les grandes entreprises où elle a entraîné une nouvelle organisation du travail et, avec l'annualisation du temps de travail, des horaires qui peuvent prendre en compte les nécessités d'une activité irrégulièrement répartie dans le temps. Pour preuve, le constructeur automobile Renault a gagné neuf jours de travail sur un an. Autre effet bénéfique des 35 heures, le temps libéré produit de la richesse : envolée du marché des sports, loisirs, voyages, bricolage et jardinage... sans compter l'amélioration de la qualité de vie, du lien social autant que familial... De plus, si la semaine légale de travail est de 35 heures, la durée effective s'élève en moyenne à 37,4 heures, ce qui la place devant les pays scandinaves (Danemark : 36, Norvège : 35,8) ou le Royaume-Uni (36,5).

Où va la France ?

Quoi qu'il en soit, dans la course à la compétitivité ce « modèle social français » est ébranlé. Le besoin de réformes traverse toute la société française comme l'a montré l'élection présidentielle de 2007. Le déficit de la couverture sociale se creuse, les services publics coûtent cher, la dette publique s'alourdit. Il faudra aussi compter avec les coûts induits par de nouveaux comportements dans la consommation d'énergie, les modes de production agricoles et les transports, après les engagements pris en novembre 2007 pour une meilleure préservation de l'environnement.

Dès lors, quelles orientations économiques choisir pour les années qui viennent? La nouvelle majorité a d'abord opté pour une relance de la croissance par l'investissement, espérant de ce regain une amélioration du pouvoir d'achat et donc le maintien de la consommation. Les premières mesures visent à libérer le marché de l'emploi par une législation moins contraignante sur le temps et les contrats de travail, à stimuler le marché des biens par l'aide à l'acquisition d'un logement, à réduire le déficit public en diminuant le nombre des fonctionnaires, à favoriser l'investissement en réduisant la fiscalité sur les revenus du capital. À terme, le retour à une croissance forte devrait entraîner le désendettement de la France. Le «modèle social français», compromis historique entre les intérêts des salariés et du capital est de toute façon remis en question et la France s'aligne de plus en plus sur les autres pays européens.

Mise au point d'un jeu vidéo chez Ubisoft. Les créateurs français sont internationalement reconnus dans ce secteur.

Heureux les Français? Oui, puisqu'ils continuent à faire plus d'enfants que les autres Européens, une forme de confiance en l'avenir. Oui, parce qu'ils vivent en bonne santé et plus longtemps. Oui, parce que si la famille traditionnelle devient de plus en plus rare, de nouvelles formes de cellules familiales s'inventent, sans désastre, et accompagnées par le droit. Oui, parce que les Français consomment plus que les autres Européens, qu'ils perpétuent cet «art de vivre» conciliant activité professionnelle, vie de famille et fréquentation des bistros et restaurants, cinémas et expositions.

Et pourtant...

Les Français, lorsqu'on les interroge, ne se sentent pas moins heureux que leurs voisins mais ils sont plus inquiets qu'eux, surtout pour leurs enfants.

Voyons comment cela s'explique...

7

La population et la société

Une crèche parisienne
Les parents d'enfants de deux mois à trois ans bénéficient en France de structures collectives d'accueil aux statuts divers. En tout, plus de 350 000 places sont disponibles.

La société française se caractérise par des traits assez communs aux sociétés occidentales : transformations de la famille et des modes de vie, mobilité accrue notamment par l'étalement urbain, bouleversements du marché de l'emploi, des formes d'activité professionnelle et de la rémunération du travail, élévation du niveau de vie moyen. S'y ajoute une belle santé démographique. Elle s'en différencie par des distinctions négatives : plus que les autres Européens, les Français envisagent l'avenir avec un certain pessimisme ; ils s'interrogent sur la pertinence et sur la pérennité de leur « modèle » social. Il n'en reste pas moins que 90 % d'entre eux se déclarent heureux et, pour plus des trois quarts, en bonne santé.

Comment expliquer le regard paradoxal que les Français portent sur eux-mêmes, compte tenu des évolutions sociales récentes ?

La plus belle démographie d'Europe

Au 1er janvier 2008, la France (métropole et départements d'outre-mer) comptait 63,8 millions d'habitants. Au sein de l'Union européenne, elle se place au deuxième rang, derrière l'Allemagne et devant le Royaume-Uni et l'Italie.

La vitalité démographique qui caractérise le pays (avec un indice conjoncturel de fécondité de deux enfants par femme) lui permet d'être, à quasi-égalité avec l'Irlande, au premier rang des États membres de l'Union en ce qui concerne la fécondité. Cela est dû pour partie à une plus forte natalité dans les populations récemment immigrées ; mais les familles françaises, aussi, ont conservé un comportement plus nataliste qu'ailleurs, encouragé par le système des allocations familiales et par une socialisation précoce des enfants (crèches et maternelles, horaires et cantines scolaires, etc.).

La croissance naturelle de la population de la France est sans égale depuis une trentaine d'années. Et elle devrait continuer à croître, alors que celle de nombreux pays européens (l'Allemagne, l'Italie ou l'Espagne) et d'autres grandes puissances (la Russie ou le Japon) devrait sensiblement, voire considérablement, diminuer d'ici 2050. Mais la France continue de vieillir – moins cependant que d'autres nations de l'Union : baisse du nombre des jeunes, augmentation du nombre des personnes âgées liée à une plus grande longévité. L'espérance de vie à la naissance en France est aujourd'hui de 77,5 ans pour les hommes et de 84,4 ans pour les femmes.

***En promenade dans la forêt vosgienne**, quatre des treize millions de retraités que compte la France.*

La France contribue pour deux tiers à l'accroissement démographique européen

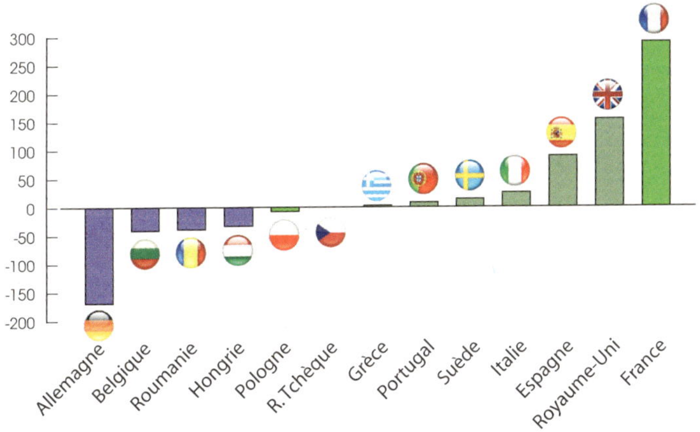

Des transformations de fond dans la famille

Les grandes transformations familiales qui affectent la plupart des grands pays occidentaux touchent pleinement la France : développement de l'union libre, des séparations et des naissances hors mariage. La diminution de la taille des ménages se poursuit : plus de 30 % d'entre eux se composent d'une seule personne, et autant de deux personnes. Le nombre d'enfants par famille est passé de 2,2 à 1,8 en trente ans, signant la diminution considérable du nombre des familles nombreuses et l'établissement d'une nouvelle norme, autour de deux enfants.

Parallèlement, les structures familiales ont beaucoup évolué. À la fin des années soixante une famille sur dix était monoparentale, et principalement par veuvage. En 2005, cette part avait presque doublé, du fait de la progression des divorces et des séparations. La mutation fondamentale, et rapide, concerne les naissances. Alors que dans les années soixante-dix moins de 10 % des enfants naissaient en dehors du mariage, c'est désormais le cas de plus de la moitié des enfants. Alors qu'auparavant il fallait se marier pour faire un enfant, aujourd'hui dans plus de la moitié des cas l'enfant précède le mariage.

Le pacte civil de solidarité (Pacs). Alors que le mariage perd du terrain, le Pacs a le vent en poupe. 350 000 Pacs ont été enregistrés entre novembre 1999, date de leur création, et novembre 2007. Ils progressent au rythme de 25 % l'an (33 % en 2007).

Parmi les femmes nées en 1960, 40 % ont eu deux enfants. Deux enfants, c'est le modèle familial qui progresse le plus aujourd'hui. Mais 1,7 million de familles françaises comportent encore trois enfants et plus.

La journée d'un(e) Français(e)

En termes d'égalité entre les hommes et les femmes, les choses évoluent... lentement. La société française se situe entre les pays traditionalistes du sud de l'Europe et les pays plus égalitaires du nord. L'égalité dans la sphère domestique est plus lointaine que dans l'univers professionnel.

Durée moyenne des activités au cours d'une journée (du lundi au dimanche)

Unité : heures et minutes

Révolution du modèle familial
(entre deux recensements)

Nombre de familles selon la structure familiale (en milliers)

Source : Insee

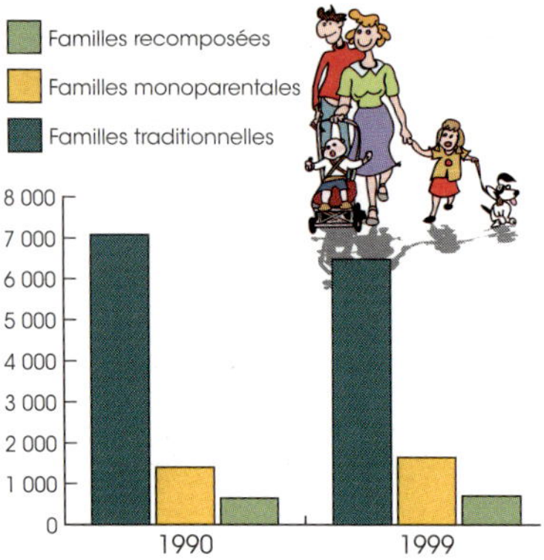

Cette évolution des comportements s'accompagne de la banalisation de formes familiales auparavant jugées originales, marginales voire scandaleuses. Les familles recomposées ont vu les droits sociaux s'adapter à leur situation (avec partage par exemple des allocations familiales). Les familles homoparentales (avec deux parents de même sexe) ont fini par être acceptées, par toutes les formations politiques, comme une réalité que le droit devait accompagner.

De telles mutations de comportements matrimoniaux et conjugaux sont allées de pair avec l'affaiblissement des pratiques religieuses, celles du catholicisme en particulier. Entre 1975 et 2000, le nombre des baptêmes est tombé de 600 000 à 400 000, et celui des mariages célébrés à l'église de 282 000 à 122 000. Plus généralement, les personnes vivant en France ne sont plus que 48 % à déclarer croire en Dieu, 42 % en une vie après la mort, 20 % en l'enfer et 30 % au paradis… Peut-être simplement aimons-nous mieux croire en ce qui nous est le moins désagréable !

Un monde du travail doublement segmenté

La population active est de 28 millions de personnes. En son sein, le taux de féminisation de l'emploi ne cesse de progresser. Cela va de pair avec des évolutions structurelles : c'est dans le tertiaire, plus féminisé, que se créent le plus d'emplois : activités financières, éducation, santé, action sociale, administration, sont les secteurs où le nombre des emplois augmente le plus. Les Françaises y ont beaucoup gagné en autonomie, mais elles sont très nombreuses à exercer un emploi à temps partiel, beaucoup plus que les hommes (31 % des femmes pour 6 % des hommes). Le monde du travail français est ainsi, d'abord, divisé selon le sexe, comme d'ailleurs dans la plupart des autres pays européens.

Il est également très segmenté selon le statut d'emploi. Pour un quart de la population active, celle du secteur public principalement, l'emploi est protégé à vie ; pour une moitié, il peut s'agir d'un contrat stable, à durée indéterminée ; pour le dernier quart se succèdent des contrats de court terme, plus ou moins bien rémunérés. Le marché du travail, duquel dépendent tant d'autres pans de la vie individuelle et sociale, sépare deux grandes catégories d'actifs. D'un côté, celle que protègent des statuts et un système de protection solidaire, en cas de perte d'emploi, de maladie ou de fin d'activité. De l'autre, tous ceux qui occupent des emplois précaires. Les premiers, à la fin des années quatre-vingt-dix, ont, de plus, bénéficié du passage à un temps hebdomadaire de travail de 35 heures en gagnant des jours de congés. Les seconds (le plus souvent des femmes jeunes, dans des emplois instables) n'ont de fait souvent trouvé, dans la diminution du temps de travail, que les inconvénients d'horaires flexibles.

La féminisation de certains emplois
Les femmes sont beaucoup moins présentes dans l'industrie que dans le tertiaire (52 %). La féminisation de l'emploi s'accélère notamment dans les professions sanitaires et sociales et dans les professions intellectuelles supérieures.

Le système de protection sociale bâti, à l'origine, pour une société de plein emploi et pour un modèle familial où l'homme pourvoit aux ressources et la femme reste au foyer, a été profondément bousculé par le chômage. Depuis les années soixante-dix, celui-ci a progressé assez régulièrement pour s'installer à un niveau élevé : depuis vingt ans, son taux n'est jamais passé sous la barre des 8 %. Les enquêtes le montrent, la crainte du chômage et de ses conséquences, la pauvreté et l'exclusion, marquent profondément les mentalités françaises.

Une forte sensibilité à l'égard du chômage, de la pauvreté, de la précarité

Le haut niveau du chômage explique pourquoi, au sein de l'Union européenne, les Français sont ceux qui expriment le plus fort leur crainte de tomber dans la pauvreté, pour eux-mêmes ou pour leurs proches. Différentes enquêtes et sondages montrent en effet que plus d'un Français sur deux a peur de devenir un jour un « exclu », un Français sur deux de devenir un « sans-abri ».

Or, l'expression d'une telle crainte contredit les statistiques de l'évolution de la pauvreté. En trente ans, la population pauvre (selon les définitions européennes) a considérablement diminué, pour se stabiliser aujourd'hui à hauteur de 13% de la population, dans la moyenne européenne. C'est que, dans le même temps, elle s'est transformée: elle s'est urbanisée et concentrée dans certains quartiers. Elle a aussi beaucoup «rajeuni»: la part des pauvres de 18 à 30 ans a doublé tandis qu'elle a été divisée par deux chez les personnes âgées.

Pourtant, au-delà des craintes qu'ils expriment sur leur avenir, les Français sont ceux qui déclarent la plus grande sympathie à l'endroit des défavorisés. Ils considèrent que la pauvreté s'explique d'abord par des raisons structurelles, et non par des défaillances ou des erreurs individuelles. C'est pourquoi ils en appellent à des initiatives publiques massives pour lutter contre l'exclusion.

Des Français qui épargnent et consomment beaucoup

Les Français disposent d'un niveau de vie et d'un taux d'équipement parmi les plus élevés au monde. 80% des ménages ont une voiture, 80% un congélateur et plus de la moitié un micro-ordinateur. Plus de 80% des individus ont un téléphone portable et près de la moitié sont connectés à l'internet – deux Français sur cinq l'utilisent chaque semaine (c'est le cas d'un Grec sur cinq, mais de quatre Suédois sur cinq).

Terrasse à Avignon
En famille, entre amis, le café-terrasse est une habitude culturelle ancienne, bien ancrée chez les Français.

Dans les comparaisons internationales, il apparaît nettement que les ménages français comptent parmi ceux qui, à la fois, consomment et épargnent le plus. Chaque année, 15% de leurs revenus sont affectés à de l'épargne.

L'extension de la grande distribution et l'apparition de nouveaux produits ont modifié les comportements de consommation. Les produits à haute technologie ont pris le relais des appareils électroménagers, désormais largement diffusés. Néanmoins, la plus grande partie du budget des ménages continue d'être utilisée pour les dépenses alimentaires et pour le logement qui représente 25% des dépenses en moyenne, une des plus fortes d'Europe. Mais c'est la santé qui est désormais le deuxième poste de consommation.

Les centres commerciaux *traditionnellement situés en banlieue, se développent aussi dans les centres des villes (à l'instar des Halles à Paris). Les Quatre temps, dans le quartier des affaires de La Défense, ouvert en 1981, est l'un des plus grands de France.*

Quant aux loisirs, ils représentent 10% des achats des Français (dépenses de communication incluses), ce qui les place dans la moyenne européenne. En termes de fréquentation des équipements culturels, la moitié d'entre eux va au moins une fois l'an au cinéma, un tiers à un concert, et 15% au théâtre. L'activité de loisir la plus répandue reste la télévision, suivie de la radio. En moyenne, les personnes vivant en France passent quotidiennement trois heures et demie devant leur téléviseur.

Le pouvoir d'achat des Français : quelle évolution ?

La question du pouvoir d'achat des ménages est au cœur des enjeux et débats politiques actuels. Dans les années quatre-vingt-dix le niveau de vie moyen s'élevait de 1,7% par an. Cette hausse s'était alors avérée surtout favorable aux catégories les plus modestes ; les classes moyennes étant les moins bien loties. Depuis le début des années 2000 la hausse du niveau de vie n'a été que de 1% pour les ménages les plus modestes.

Il existe tout un débat technique et politique, très présent en France, sur la mesure du pouvoir d'achat réel. Il apparaît que le passage à l'euro, l'augmentation considérable des coûts du logement (multipliés par deux pour la location comme pour l'achat de 1990 à 2005) et l'amélioration de la qualité des produits entraînent une croissance générale des prix. Celle-ci ne se répercute pas de la même manière sur les différentes catégories de la population. Si le sentiment de nombreux Français d'avoir vu leur niveau de vie diminuer est très prononcé, ceci se vérifie notamment chez les plus jeunes, pour les familles monoparentales et pour les ménages vivant en Île-de-France. Tout est affaire de perspectives et de structure de consommation, car on peut observer à la fois l'augmentation des coûts de certaines dépenses contraintes (au premier rang desquelles le logement), mais aussi la baisse des coûts de communication. Or, cette baisse ne bénéficie pas à toutes les catégories de la même façon. En un mot, le pouvoir d'achat des plus jeunes et des moins aisés s'est sensiblement dégradé, quand celui des ménages plus établis n'a, en moyenne, fait que s'améliorer.

Les Français partent de plus en plus en vacances: 65% sont partis au moins une fois en 2004; c'était le cas de 62% dix ans plus tôt. Le niveau des revenus est ici déterminant: si presque tous les cadres supérieurs prennent des vacances, moins de la moitié des ouvriers le peuvent.

Un cadre de vie de plus en plus périurbain

La très grande majorité des Français sont des urbains. Ils étaient 43 millions à vivre en ville en 1999, ils sont près de 50 millions aujourd'hui. Le phénomène marquant, comme dans de nombreux autres pays européens à densité comparable, c'est une périurbanisation croissante de la population et l'étalement des villes. Les classes moyennes quittent en effet les centres-villes devenus trop coûteux et ne souhaitent pas résider dans les quartiers d'habitat social. Elles préfèrent s'installer à plus grande distance des centres, généralement dans des

Deux types d'urbanisme de banlieue

À l'est de Paris. Au cœur de la ville nouvelle de Marne-la-Vallée, le Val-Maubuée a développé de grands ensembles d'immeubles d'habitation (90 000 résidents), des équipements sportifs, autour de plans d'eau.

zones pavillonnaires ou dans des zones rurales où elles peuvent trouver un cadre de vie satisfaisant à des tarifs abordables. On estime que 10 millions d'habitants vivent dans des couronnes périurbaines (contre 7 il y a une quinzaine d'années).

De ces mutations urbaines, il résulte une dissociation toujours plus nette entre l'habitat, les lieux de travail, et les services. Le cadre de vie français n'est plus du tout celui des villages, des bourgs et des quartiers où habitat, services et emplois se conjuguaient. Alors que l'emploi reste relativement concentré, le desserrement de l'habitat induit des déplacements plus importants, avec les coûts et toutes les nuisances sur l'environnement que l'on sait. Désormais les territoires, avec des disparités sociales grandissantes, se spécialisent : aux centres les activités à haute valeur ajoutée et les populations aisées ; aux périphéries proches les concentrations de travailleurs précaires et de chômeurs ; aux périphéries élargies les classes moyennes, aspirant souvent à revenir vers les centres.

Une bonne qualité globale du parc immobilier mais beaucoup de mal-logés

Qualitativement et quantitativement, pour son parc de logements, la France se place en tête des pays de l'Union européenne. Ce parc rassemble 30 millions de logements contre seulement 26 en 1985. Sur la même période, le nombre moyen de personnes par résidence principale est passé de 2,6 à 2,4, tandis que la surface moyenne de ces habitations augmentait. Plus d'espace par personne et moins de personnes par logement, ce sont là des signes évidents d'une amélioration générale.

Mais dans certains quartiers urbains, le logement atteint des coûts tels qu'il est désormais inaccessible aux classes moyennes et aux défavorisés. Certains immeubles

Au sud de Paris. Plus ancienne – elle date des années vingt, la grande époque des « pavillons de banlieue » –, Massy a quintuplé sa population dans les années soixante. L'implantation de très grands ensembles a posé de multiples problèmes d'équipement. Aujourd'hui, la ville dispose d'une gare TGV et d'un opéra-théâtre.

particulièrement vétustes comportent encore des risques pour la santé de leurs habitants. Les bidonvilles, avec caravanes et baraquements, sont de retour dans certains endroits. Les occupations illégales, sous forme de squats, semblent également en augmentation. Aux 3 millions de personnes mal logées s'ajoutent les sans-abri, de plus en plus visibles dans les rues des villes. L'amélioration du sort des mal-logés et des sans-abri figure cependant en bonne place sur l'agenda politique actuel.

Des problèmes d'intégration pondérés par une grande tolérance

Environ 5 millions d'immigrés vivent en France métropolitaine, soit 8% de la population. Alors que la France est, historiquement, une terre d'accueil pour les immigrés qu'elle a intégrés peu à peu, elle rencontre actuellement plus de difficultés en la matière. Ces difficultés tiennent à la crise de l'emploi et à la concentration de populations immigrées dans certaines régions et dans certains quartiers. Elles tiennent également au poids de l'immigration irrégulière, difficile à estimer, qui nuit à l'image de l'ensemble de l'immigration. «Crise du lien social», «crise de la cohésion nationale», la question est particulièrement sensible, notamment depuis les émeutes qui ont eu lieu dans certains quartiers défavorisés de banlieue, à l'automne 2005. Elle donne lieu à des débats passionnés.

Mais au-delà, cela mérite d'être souligné, l'opinion française se montre plus tolérante voire plus positive envers les immigrés que la moyenne des Européens: deux tiers des Français estiment que les immigrés enrichissent la culture du pays (contre seulement la moitié des Européens); 62% pensent que certains secteurs de l'économie ont besoin d'immigrants (contre moins de la moitié des Européens); enfin, un tiers des Français croient que l'immigration favorise l'insécurité (contre plus de 40% de tous les Européens).

Une certaine méfiance face à l'avenir

La société française présente bien des atouts pour s'adapter à la phase actuelle de mondialisation accélérée, même si les Français y voient surtout une menace. Sur certains points, qui vont de l'art de vivre aux possibilités offertes aux hommes et aux femmes de concilier activités professionnelles et vie familiale, la France est souvent citée en exemple. Il n'en reste pas moins que, actuellement, la société française doute d'elle-même et de son avenir. Les Français ont moins confiance que la plupart des habitants des pays riches en leur justice, en leur Parlement, en leurs syndicats. Ils sont également plus méfiants : 20 % seulement pensent que, en règle générale, il est possible de faire confiance à autrui. C'est le cas de 70 % des Suédois et des Norvégiens, de 50 % des Américains, de 40 % des Allemands et des Anglais.

Les Européens face à l'avenir
Les Français sont parmi les plus inquiets pour les générations futures – les Allemands, les Suédois, les Italiens aussi.
Source : CAS.

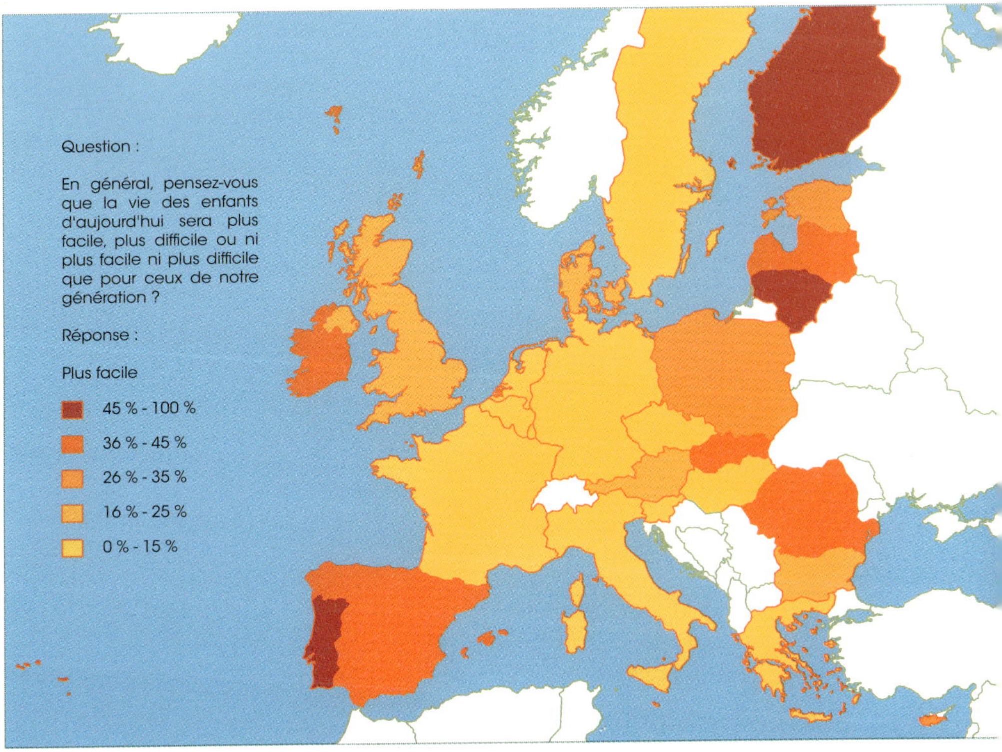

Depuis trente ans, les Français considèrent que le niveau de vie général se détériore d'année en année, mais ils sont moins affirmatifs sur le leur propre. Leur inquiétude porte essentiellement sur la question du chômage : deux tiers d'entre eux pensent qu'il va continuer à augmenter ; même lorsque les indicateurs publics enregistrent une baisse, ils se montrent sceptiques. Ils expriment très fort leur crainte pour l'avenir de leurs enfants : 8 % seulement de la population pense que leur vie sera plus facile que pour ceux de la génération précédente – c'est le cas de 17 % des Européens, et de 57 % des Portugais, de 31 % des Polonais, de 24 % des Hongrois. Il est vrai que la progression des couches sociales intermédiaires s'est atténuée depuis les années quatre-vingt, que les enfants ont moins de chances que leurs parents de connaître une mobilité sociale ascendante. D'où les craintes de déclassement qui s'expriment lorsqu'on interroge les Français sur leur avenir.

Carnaval à Asnières-sur-Seine.

Quoi qu'il en soit, leur pessimisme contredit d'autres données objectives : la qualité de vie moyenne de la population, le niveau de la protection sociale, la qualité des soins placent la France largement en tête dans la plupart des palmarès sur les conditions de vie dans le monde. Une manière de résoudre ce paradoxe est d'observer que ce pessimisme est avant tout collectif : individuellement, les Français disent craindre pour leurs proches et pour leur environnement, pas nécessairement pour eux. Il serait donc conjoncturel, lié aux difficultés que traverse la société française.

Une nouvelle pratique de convivialité, *née en 2000, le pique-nique républicain. Tous les 14 juillet, autour de déjeuners collectifs et festifs, les Français se rassemblent ainsi, à l'échelle de leur commune ou de leur quartier.*

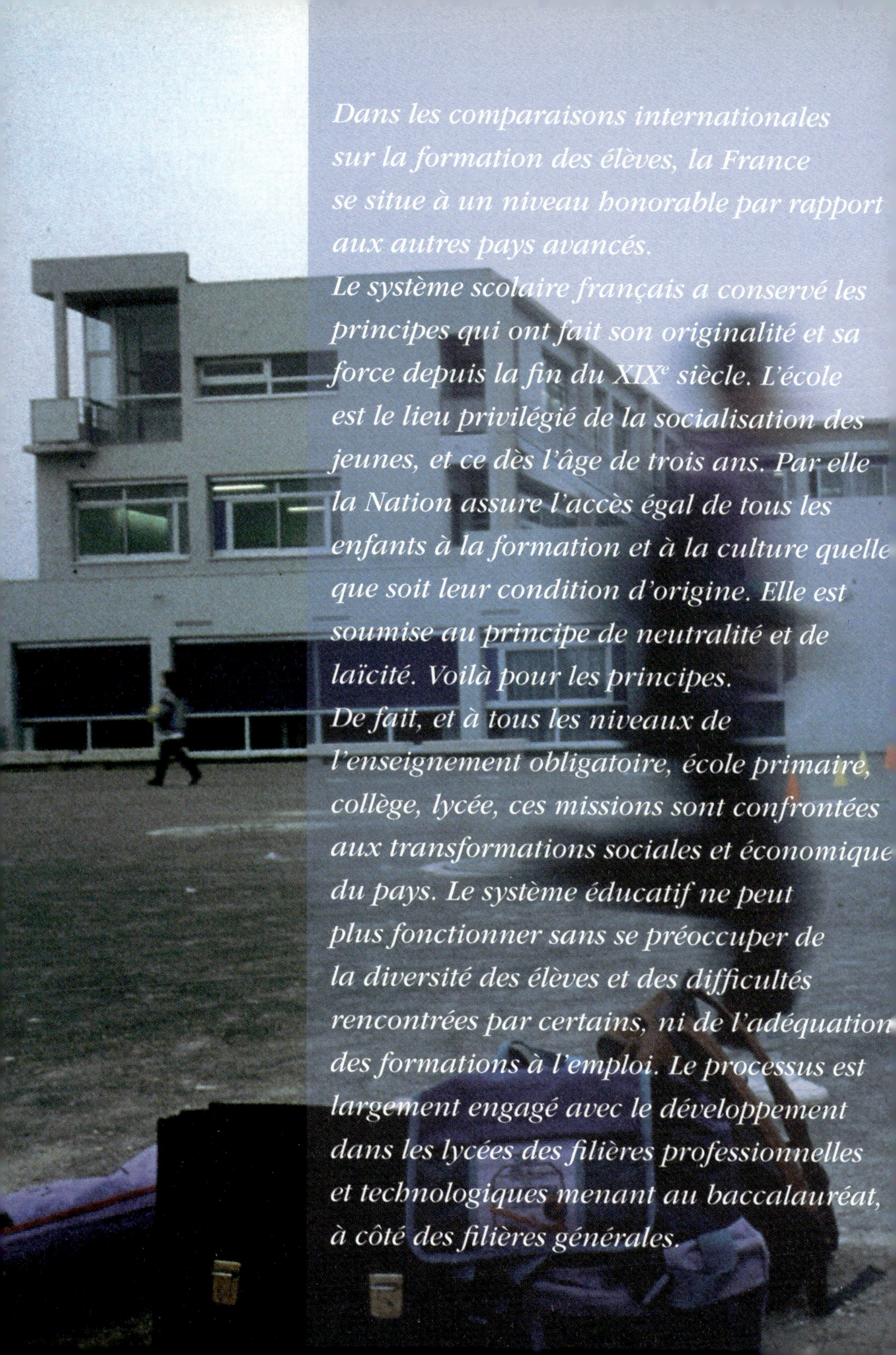

Dans les comparaisons internationales sur la formation des élèves, la France se situe à un niveau honorable par rapport aux autres pays avancés.
Le système scolaire français a conservé les principes qui ont fait son originalité et sa force depuis la fin du XIXe siècle. L'école est le lieu privilégié de la socialisation des jeunes, et ce dès l'âge de trois ans. Par elle la Nation assure l'accès égal de tous les enfants à la formation et à la culture quelle que soit leur condition d'origine. Elle est soumise au principe de neutralité et de laïcité. Voilà pour les principes.
De fait, et à tous les niveaux de l'enseignement obligatoire, école primaire, collège, lycée, ces missions sont confrontées aux transformations sociales et économique du pays. Le système éducatif ne peut plus fonctionner sans se préoccuper de la diversité des élèves et des difficultés rencontrées par certains, ni de l'adéquation des formations à l'emploi. Le processus est largement engagé avec le développement dans les lycées des filières professionnelles et technologiques menant au baccalauréat, à côté des filières générales.

8

Le système scolaire

Page précédente :
Un collège de la banlieue parisienne (Villepinte. Seine-Saint-Denis).

Deux « ***photos de classe*** *» prises en cour de récréation : belle image de l'évolution de l'école primaire. En 1900 : non-mixité, austérité des tenues et sérieux exigés, grands principes civiques inscrits au tableau noir. Cent ans plus tard, l'ambiance est tout à l'opposé.*

Le système scolaire français accueille près de dix millions d'élèves. En trente ans, le nombre de ceux qu'il conduit au niveau du baccalauréat a doublé. Cette réussite incontestable situe l'école française à un niveau honorable par rapport aux autres pays avancés. Pour en arriver là, le système a dû s'adapter à l'allongement des études et aux nouveaux publics scolarisés, assouplir ses méthodes d'administration et de gestion, tout en restant fidèle à ses missions historiques. Pourtant, mais cela n'est pas réservé à la France, le débat est récurrent, souvent passionné, sur les résultats réels de l'école et sur son avenir.

Une institution en charge des valeurs de la République

Plus que dans d'autres pays, l'histoire de l'école en France est intimement liée à l'histoire nationale. Dès les premières années de la République, l'école a reçu mission d'enraciner le régime naissant. Et dans un tout récent texte cadre sur l'avenir de l'école (loi du 23 avril 2005), il est encore écrit : « La nation fixe comme mission première à l'école de faire partager aux élèves les valeurs de la République ».

Les Français restent donc très attachés à l'école de Jules Ferry – une école gratuite, laïque et obligatoire. La gratuité de l'enseignement public (depuis 1881 dans le premier degré et 1933 dans le second degré) s'impose à l'État comme aux collectivités territoriales ; seules les fournitures individuelles sont à la charge des familles. Le principe de laïcité est intervenu à l'école (programmes et locaux scolaires en 1882, personnels en 1886) avant même de concerner la République (1905) : des programmes scolaires neutres, des enseignants astreints à un strict devoir de réserve, des locaux scolaires où « le port de signes ou les tenues par lesquels les élèves manifestent ostensiblement une appartenance religieuse est interdit ». Quant à l'obligation scolaire, elle s'impose à tous les enfants de 6 à 16 ans, français ou étrangers, présents sur le territoire national.

Les valeurs républicaines de liberté et d'égalité dont l'école est porteuse fondent également l'organisation du système éducatif. Ainsi l'application du principe de liberté permet-elle (sous certaines conditions réglementaires) à la fois de créer une école et de garantir aux familles la possibilité de scolariser leurs enfants dans l'école de leur choix, voire au sein de la famille ; le même principe est invoqué pour justifier l'existence d'un enseignement privé

Cantine de maternelle.
La scolarisation en maternelle n'est pas obligatoire, mais la quasi-totalité des enfants de 3 ans la fréquente. Pour eux, c'est souvent le premier lieu d'apprentissage de la vie en société. Ils peuvent y déjeuner de sorte que les mères françaises qui le souhaitent peuvent conserver leur activité professionnelle.

Les principes en action : exemples

L'égalité dans l'offre du service public d'éducation ne garantit pas une égalité des chances pour chaque enfant. C'est pourquoi il a été décidé, depuis la création des **zones d'éducation prioritaire** en 1981, de donner davantage de moyens et d'attention aux élèves des milieux sociaux et culturels qui en ont le plus besoin. Il y a donc une inégalité dans la répartition des moyens entre établissements pour aller vers une plus grande égalité de résultats.

Dans le même esprit, plusieurs grandes écoles (d'études politiques, de commerce, de gestion, etc.) ont mis récemment en place des dispositifs particuliers permettant d'accueillir davantage d'élèves des zones d'éducation prioritaire.

Autre exemple, **la carte scolaire**. Depuis 1963, les élèves des collèges et des lycées sont affectés dans l'établissement scolaire proche de leur domicile. C'est le dispositif appelé « carte scolaire » qui n'est plus adapté au système scolaire d'aujourd'hui, ni aux attentes de la société française. À la rentrée 2007, le principe en a donc été assoupli pour donner aux familles plus de **liberté** dans le choix d'un établissement scolaire hors secteur, dans la limite des places disponibles.

Les grandes heures de la démocratisation de l'école

Pour démocratiser l'accès de tous les jeunes à l'enseignement secondaire, l'école a profondément transformé son organisation pédagogique. Citons tout particulièrement :

• La loi d'orientation de 1975 (qui crée le collège unique pour donner à tous les adolescents le même tronc commun de formation à l'issue de la scolarité obligatoire et, ainsi, augmenter et démocratiser le taux d'accès aux études longues), celle de 1989 (qui fixe des objectifs ambitieux à l'école, organise l'ensemble de la scolarité en cycles et qui instaure le projet d'établissement), et celle de 2005 (dont l'article 9 institue le socle commun de connaissances et de compétences à l'issue de la scolarité obligatoire, et qui favorise les initiatives et l'expérimentation).

• La politique de l'éducation prioritaire mise en place à partir de 1981 et qui vise à donner « plus à ceux qui ont moins ».

• La diversification des voies d'enseignement. La création en 1985 du baccalauréat professionnel qui donne une égale dignité aux formations générales, technologiques et professionnelles, et l'extension à tous les niveaux de diplôme de la voie de formation par l'apprentissage, ont élargi considérablement les possibilités de poursuite d'études.

• La mise en place d'un processus de formation tout au long de la vie (confirmé à l'échelle européenne par le sommet de Lisbonne en 2000) permet à toute personne déjà engagée dans la vie active d'accéder à une formation selon des modalités diversifiées. Depuis 2004 existe un Conseil national de la formation professionnelle tout au long de la vie.

• L'aide aux élèves en difficulté. Des enseignements adaptés sont proposés à l'école et au collège pour répondre aux besoins spécifiques des élèves connaissant des difficultés scolaires graves et durables.

• La scolarisation des élèves handicapés est une priorité nationale. La loi du 11 février 2005 pour « l'égalité des droits et des chances, la participation et la citoyenneté des personnes handicapées » fait de l'intégration scolaire des élèves handicapés une priorité nationale. Des classes d'intégration scolaire dans l'enseignement primaire et des unités pédagogiques d'intégration dans le collège existent à cet effet. Des emplois spécifiques ont été créés (les auxiliaires de vie scolaire) pour assurer les fonctions d'aide à l'accueil et à la scolarisation.

(17 % de l'ensemble des effectifs primaires et secondaires) à côté d'un enseignement public (83 %). Le principe d'égalité d'accès pour tous à l'instruction est le moteur de toutes les politiques de lutte contre les inégalités, par exemple la création de zones d'éducation prioritaire (ZEP) en 1981.

Une institution en mouvement

À la fin du XIXe siècle, l'école primaire pour tous se distinguait nettement d'un enseignement secondaire réservé aux couches aisées. L'allongement progressif de la scolarité obligatoire (de 6 à 13 ans en 1882, à 14 ans en 1936 et à 16 ans en 1959) a introduit une continuité entre les deux premiers niveaux d'enseignement : l'école primaire et le collège, qui s'ouvre à tous en 1975. Cette ouverture démocratique est, naturellement, allée de pair avec un accroissement de l'hétérogénéité sociale des élèves accueillis au collège.

Un ***collège*** *de Cergy en région parisienne.*

Ensuite, la plupart des élèves entrent au lycée. C'est ici que l'écart entre réussite et échec scolaires se creuse, ici que se concentrent les problèmes majeurs d'orientation : les différentes filières, qui conduisent aux différents baccalauréats, ne sont pas considérées en France de même dignité ; les passages de l'une à l'autre sont rares et elles ont tendance à reproduire les hiérarchies sociales.

Si les établissements scolaires des zones d'éducation prioritaire créées en 1981 sont dotés par l'État de moyens particuliers, si une attention plus grande est désormais portée aux parcours individuels, cela ne suffit pas à contrarier les effets des ségrégations sociales et géographiques. Il reste donc beaucoup à faire pour assurer, par l'école, le principe républicain d'égalité.

Les **années soixante-dix** ont été à la fois celles de l'ouverture du collège à tous les élèves, et celles de la floraison des grands ensembles à la périphérie des grandes villes. 2 500 collèges se sont construits en dix ans. Aujourd'hui, il revient au département de financer les programmes coûteux de rénovation de beaucoup de ces bâtiments dégradés.

Sur un autre point, la manière d'administrer le monde scolaire, les choses évoluent plus rapidement : de nationale – mêmes programmes, mêmes examens et concours pour les élèves, mêmes statuts pour les enseignants – , la gestion administrative et financière glisse vers le local. Les responsables locaux de l'État que sont les chefs d'établissement et les cadres académiques (recteurs et inspecteurs d'académie) n'en sont plus seulement des échelons d'exécution. Ils ont aujourd'hui plus d'autonomie pour piloter des projets. Ils sont responsables de leurs choix budgétaires (mais responsables devant l'État des résultats qu'ils obtiennent). Depuis les lois de décentralisation de 1983, et à la satisfaction de tous, les collèges sont rattachés aux départements et les lycées aux régions ; en 2004, une

L'académie est l'échelon administratif de base de l'Éducation nationale. C'est sur elle que repose la mise en œuvre de la politique éducative du gouvernement. La France est découpée en trente académies. Chacune est dirigée par un recteur, désigné par le président de la République et choisi traditionnellement parmi les professeurs d'université.

Le **lycée du Futuroscope**, à proximité de Poitiers (Vienne). Une architecture futuriste (bâtiment en aile d'avion, toit coulissant en hélice) et une pédagogie innovante : travail en équipes légères, intervenants extérieurs associés pour un enseignement général et technologique, de la classe de seconde à la terminale.

Au **lycée de Versailles**. Cours de physique dans une classe préparatoire aux concours très sélectifs des « grandes écoles ».

nouvelle phase de décentralisation leur a donné la pleine propriété des locaux et transféré la gestion des personnels techniciens, ouvriers et de service. Les régions ont la responsabilité de la formation professionnelle continue. Aujourd'hui, les collectivités territoriales assurent 21 % de la dépense d'éducation. Dans le même souci de proximité, les parents d'élèves sont représentés dans les différentes instances consultatives à tous les niveaux, établissement, département, académie.

Quel bilan ?

Le système éducatif français a été qualifié en 2003 par le Haut Conseil de l'évaluation de l'école de « performant et robuste ». Un nombre croissant d'élèves a été accueilli dans les collèges et les lycées depuis trois décennies et, si l'objectif d'amener 80 % d'une génération en classe terminale n'a pas été atteint, la proportion de ceux qui accèdent au niveau du baccalauréat a tout de même doublé en vingt-cinq ans. 62 % des jeunes obtiennent ce diplôme et environ la moitié d'une classe d'âge accède à l'enseignement supérieur. Des progrès importants ont donc été effectivement accomplis.

Mais depuis une dizaine d'années, comme la plupart des systèmes éducatifs comparables, le système français éprouve des difficultés à améliorer ses résultats. En particulier, il ne parvient pas suffisamment à prévenir et à traiter les difficultés scolaires précoces qui touchent essentiellement les élèves issus des milieux défavorisés et engendrent encore trop de sorties de l'école sans qualification. Le taux d'accès d'une génération au niveau du baccalauréat stagne depuis 1995 et l'on assiste, depuis le début des années 2000, à une stabilisation, voire à une légère baisse de la scolarisation dans l'enseignement supérieur. Enfin, les questions de vie scolaire – absentéisme, incivilités et violences – mobilisent beaucoup certains établissements.

Les trois étapes du parcours scolaire

L'école primaire

comprend

6,5 *millions d'élèves*

l'école maternelle **2,6** *millions d'élèves accueillis de 2 à 6 ans*

Facultative, elle scolarise la majorité des enfants de 3 ans.

l'école élémentaire **3,9** *millions d'élèves de 6 à 11 ou 12 ans*

Les élèves acquièrent les apprentissages de base : lecture, calcul, écriture, etc. L'apprentissage d'une langue étrangère se généralise.

Le collège

3,1 *millions d'élèves scolarisés pendant quatre ans de la 6e à la 3e*

En plus des apprentissages obligatoires, les élèves peuvent suivre des parcours diversifiés, accéder à des options : langue, éducation artistique, découverte professionnelle, etc. Le diplôme national du brevet sanctionne la fin de la scolarité au collège.

Le lycée

2,2 *millions d'élèves scolarisés pendant trois ans de la seconde à la terminale*

Offre aux élèves trois voies différentes de formation conduisant à différents types de **baccalauréat**.

– **La voie professionnelle** mène à plus de 200 CAP, 40 BEP et 60 baccalauréats professionnels ; elle permet aux élèves d'acquérir un diplôme facilitant leur insertion dans la vie active, soit en lycée professionnel, soit en apprentissage sous contrat de travail dans les centres de formations d'apprentis (CFA).

– **La voie technologique** mène à sept baccalauréats dont les plus préparés sont les STI (sciences et technologies industrielles), les STG (sciences et technologies de la gestion), les SMS (sciences médico-sociales) et les STL (sciences et techniques de laboratoires).

– **La voie générale** comprend trois séries (L, littéraire ; ES, économique et social ; S, scientifique).

Le premier poste du budget de l'État

La France dépense plus que la moyenne des pays de l'OCDE pour son école : en 2005, la dépense intérieure d'éducation a correspondu à 6,9 % de la richesse nationale ; elle a été multipliée par deux depuis 1981 en raison de l'amélioration de l'encadrement dans le premier degré, du poids et du coût croissants des enseignements du second degré et de la revalorisation du statut des enseignants. C'est l'État qui prend en charge la part la plus importante du budget, à hauteur de 63 %.

La France participe aux évaluations internationales des acquis des élèves, notamment le programme international de suivi des acquis des élèves de quinze ans de l'OCDE en compréhension de l'écrit, culture mathématique et culture scientifique (PISA). Selon la dernière enquête PISA, par niveau d'enseignement, elle se situe au-dessus de la moyenne de l'OCDE dans les trois domaines.

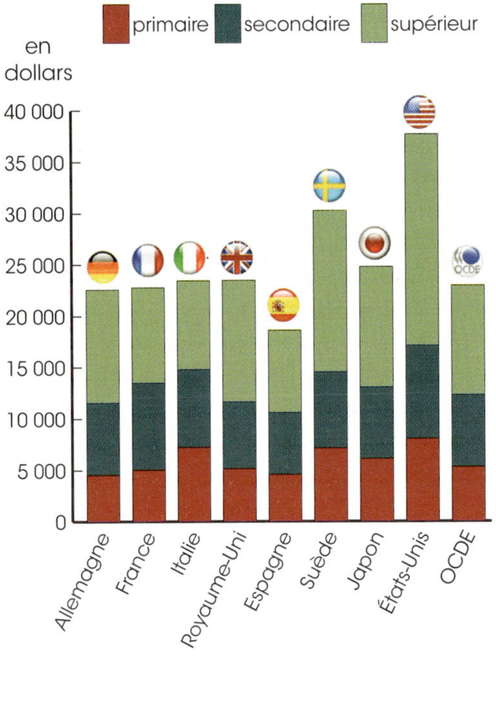

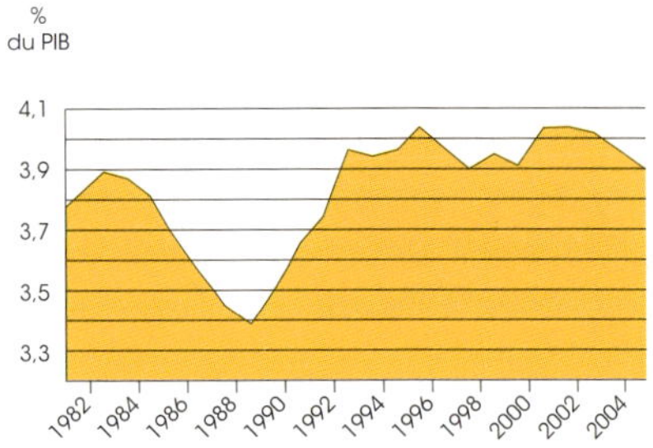

Source : ministère de l'Éducation nationale.

Les politiques scolaires visent toutes à mieux aider les élèves en difficulté, afin de réduire de façon significative les sorties sans qualification et de parvenir à l'obtention du baccalauréat par l'essentiel d'une génération. C'est à ces conditions que seront atteints les objectifs fixés en 2000 par les États européens à Lisbonne d'amener au moins 50 % d'une génération à un diplôme de l'enseignement supérieur.

La loi d'orientation et de programme pour l'avenir de l'école de 2005 va dans ce sens. Son objectif est, notamment, de garantir à tous les élèves l'acquisition d'un socle commun de connaissances et de compétences. Il est mis en place des dispositifs permettant de détecter, dès les premières années d'enseignement, les difficultés rencontrées par certains élèves. Des programmes personnalisés de réussite éducative sont instaurés à l'école et au collège et un accompagnement éducatif gratuit sera proposé, à terme, à tous les élèves après la classe. De même, la relance récente de l'éducation prioritaire autour des réseaux « ambition réussite » permet de concentrer les efforts sur les endroits qui connaissent le plus de difficultés.

« Tout se passe comme si le système éducatif français obtenait des résultats excellents avec la moitié de ses élèves et très faibles avec l'autre moitié. Pour les uns, [c'est] un des meilleurs systèmes au monde, pour les autres, un des plus mauvais des pays développés », écrit un haut responsable du ministère de l'Éducation.

Il s'agit aussi de faire en sorte que tous les jeunes puissent construire progressivement un projet personnel de formation et d'orientation pour préparer une entrée réussie dans la vie active. C'est dans ce cadre que le développement de l'autonomie des établissements scolaires prend toute son importance.

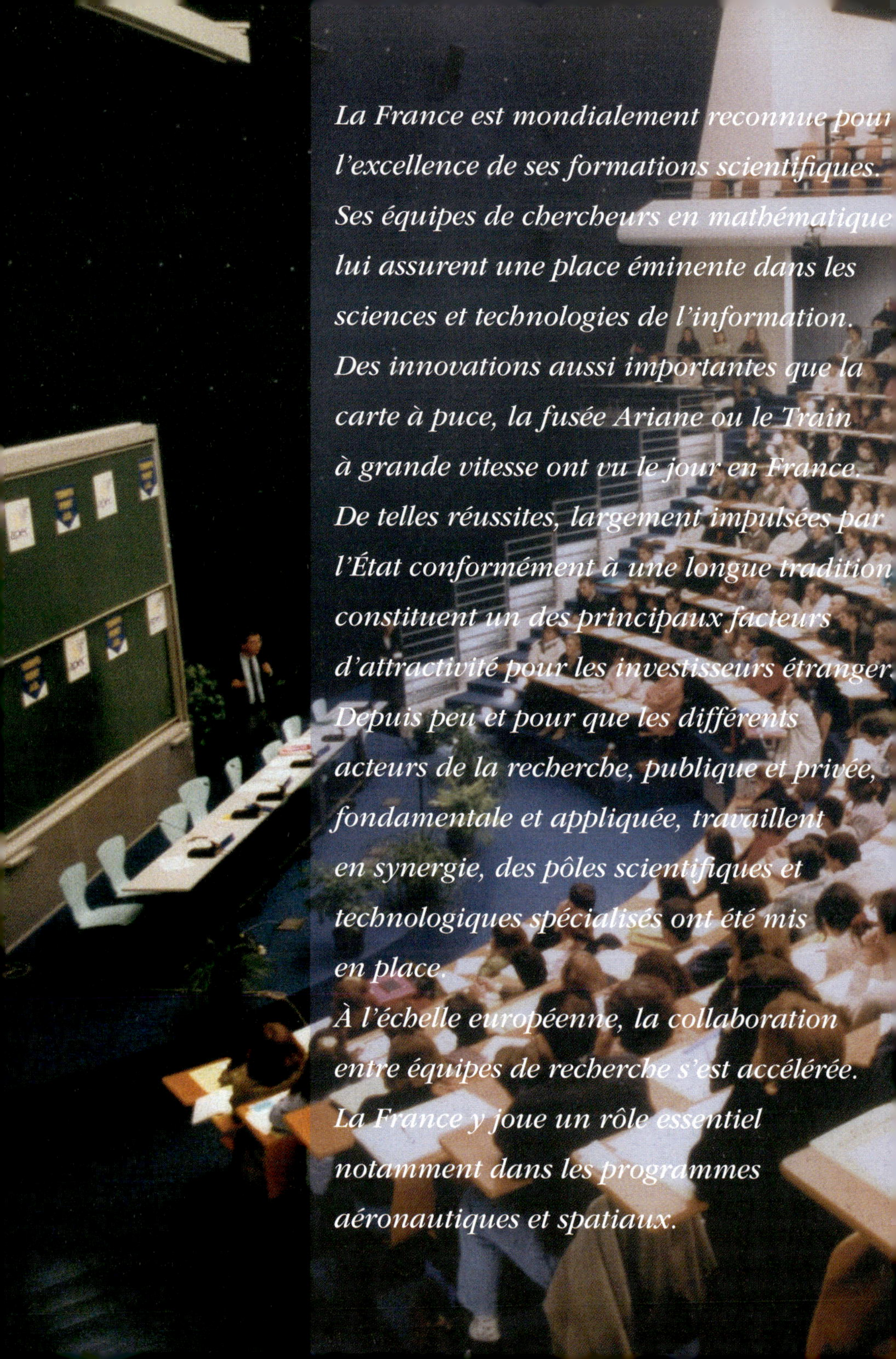

La France est mondialement reconnue pour l'excellence de ses formations scientifiques. Ses équipes de chercheurs en mathématiques lui assurent une place éminente dans les sciences et technologies de l'information. Des innovations aussi importantes que la carte à puce, la fusée Ariane ou le Train à grande vitesse ont vu le jour en France. De telles réussites, largement impulsées par l'État conformément à une longue tradition constituent un des principaux facteurs d'attractivité pour les investisseurs étrangers. Depuis peu et pour que les différents acteurs de la recherche, publique et privée, fondamentale et appliquée, travaillent en synergie, des pôles scientifiques et technologiques spécialisés ont été mis en place.

À l'échelle européenne, la collaboration entre équipes de recherche s'est accélérée. La France y joue un rôle essentiel notamment dans les programmes aéronautiques et spatiaux.

9

Les formations supérieures, la recherche, l'innovation

Page précédente : Amphithéâtre de l'École des mines d'Albi, l'une des sept prestigieuses écoles d'ingénieurs du groupe « École des mines ».

Éléments moteurs de la croissance économique, la recherche et l'innovation ne se conçoivent pas sans liaisons fortes avec un enseignement supérieur irriguant profondément la société et le territoire. Depuis 1968, l'Université sanctuaire n'est plus ; le principe d'une gestion autonome des universités est acquis. Toutes les villes grandes et moyennes on donc ouvert des formations supérieures qui, peu à peu, attirent des enseignants de haut niveau. Trente ans plus tard, les étudiants étaient sept fois plus nombreux. Aujourd'hui, les universités développent des formations « professionnalisantes », en phase avec l'économie de terrain. Les entreprises viennent y repérer les meilleurs diplômés et les meilleurs chercheurs.

***La Cité internationale universitaire** de Paris, dans le 14e arrondissement. La réalisation de ce beau projet des années 1920 – accueillir des étudiants du monde entier – a été possible grâce au mécénat d'un industriel alsacien, Émile Deutsch de la Meurthe. Des étudiants étrangers aussi divers que Arrabal, Bourguiba ou Tapiès, mais aussi Césaire, Sartre, Modiano, ont séjourné à la « Cité U ».*

L'enseignement supérieur

Dans la foulée de l'objectif « 80 % d'une classe d'âge au niveau baccalauréat », le nombre des étudiants a doublé depuis 1980, pour atteindre 2,2 millions d'étudiants. L'enseignement supérieur continue de reposer – c'est une originalité du système français, héritée du XIXe siècle – sur la distinction entre universités et grandes écoles.

Les universités publiques, dont les portes sont ouvertes à tous, accueillent trois quarts des bacheliers. Le cursus, issu de l'harmonisation des cursus européens, permet à un étudiant de décrocher un des diplômes d'État, licence, master, doctorat (LMD). Ce secteur universitaire évolue peu à peu pour mieux préparer les étudiants à la vie active.

Les grandes écoles, très sélectives, recrutent sur concours. Elles sont essentiellement fréquentées par les enfants issus de couches sociales plutôt aisées. Mais elles s'entrouvrent depuis 2001 aux lycéens des quartiers défavorisés et, par ailleurs, beaucoup d'entre elles entretiennent, depuis longtemps, des liens avec les universités. Plus récemment, à Lyon par exemple, un nouveau pôle de recherche et d'enseignement, baptisé « Université de Lyon », regroupe les universités et les grandes écoles de la ville, espérant ainsi attirer davantage d'étudiants étrangers. Il a fait sa première « rentrée » en 2007.

L'Université française est très bien placée internationalement au niveau des masters. Les licences et masters à vocation professionnelle qu'elle a organisés ces dernières années sont de plus en plus prisés par les étudiants, notamment dans les instituts universitaires technologiques (IUT), les instituts polytechniques universitaires (IPU, pour les sciences et l'informatique), les instituts d'administration des entreprises (IAE, pour la gestion), les écoles d'ingénieurs, ainsi que dans les IUFM (qui forment les professeurs du primaire et du secondaire).

En France, les frais de scolarité restent minimes (entre 50 euros et 500 euros par an, contre 5 000 euros

Les grandes écoles étaient initialement destinées à former les personnels des grands corps de l'État : Écoles normales supérieures pour l'enseignement, Polytechnique et Saint-Cyr pour l'armée, École nationale d'administration pour la haute fonction publique, etc. Elles conservent tout leur prestige, mais les étudiants qui en sortent ne se destinent plus uniquement au service de l'État. Par ailleurs, les grandes écoles de commerce et de gestion – HEC, ESSEC, ESCP, et d'autres – ainsi que les écoles supérieures d'ingénieurs attirent un nombre de plus en plus grand d'étudiants.

Bâtiments du nouveau pôle d'enseignement et de recherche « Université de Lyon » : 90 000 étudiants.

en moyenne aux États-Unis). Pour autant, poursuivre des études supérieures ne s'apparente pas toujours à un « long fleuve tranquille » : 90 000 étudiants sortent chaque année du système sans diplôme ; la vie étudiante est souvent difficile, et le logement inabordable pour beaucoup dans certaines grandes villes ; un quart seulement perçoit une bourse, au montant souvent modeste ; un étudiant sur deux serait obligé de travailler, en plus de ses études.

Le rapide processus de démocratisation a nécessité une augmentation sensible des dépenses allouées à l'Enseignement supérieur, même si cette évolution a été moins importante que celle des autres budgets de l'Éducation nationale. Aujourd'hui, l'enseignement supérieur représente 1,5 % du PIB français (États-Unis : 3 %), essentiellement financé par l'impôt. En 2008, l'État a prévu de dépenser 7 375 euros par étudiant, une somme un peu supérieure à la moyenne européenne, mais qui place la France loin derrière les États-Unis.

L'accroissement du nombre des étudiants s'est également traduit par une répartition géographique plus homogène des cent soixante sites universitaires que compte désormais l'Hexagone. Seul leur dispositif de recherche est resté largement concentré dans les grandes agglomérations.

Le système universitaire français devrait connaître dans les cinq prochaines années des bouleversements

*La statue de **Victor Hugo**, monstre sacré de la littérature française et de la République, dans la cour de la Sorbonne.*

Les universités françaises de calibre international.

En tête Paris VI (en mathématiques, chimie, physique, ingénierie et sciences de la Terre).

Puis Paris XI (en physique, chimie, mathématiques), Strasbourg (en chimie), Paris VII, Lyon I et Grenoble I.

Campus France

Campus France, sous la tutelle des ministères des Affaires étrangères et des universités, promeut à l'étranger les études supérieures en France, attire les étudiants étrangers en France, facilite leur accueil et met en œuvre des partenariats avec les universités étrangères. Un guichet unique sera progressivement mis en place pour faciliter l'octroi des visas, les inscriptions universitaires, les stages linguistiques, les bourses ; une charte de qualité pour l'accueil des étudiants étrangers engage le gouvernement français et les universités et grandes écoles dans toute la chaîne d'accueil de l'étudiant : sélection, préparation au départ, séjour en France, retour dans son pays.

CAMPUS FRANCE
campusfrance.org

La France qui accueille plus de 180 000 étudiants étrangers souhaite renforcer l'attractivité de ses formations supérieures qui participent à son rayonnement dans le monde.

En une génération, la France a rattrapé son retard en matière de diplôme supérieur

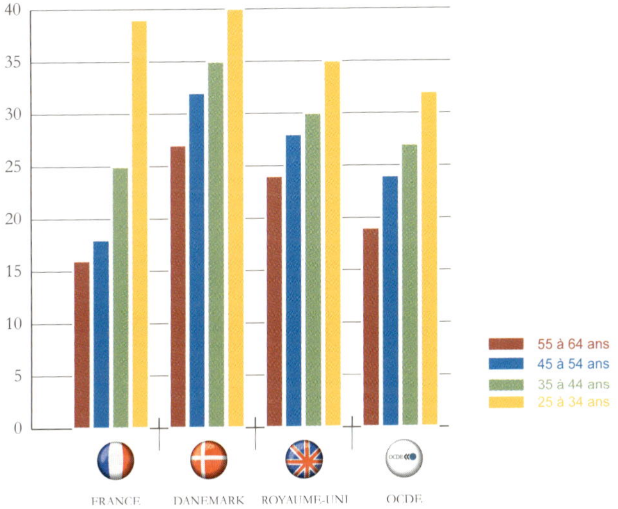

Erasmus

Erasmus a eu vingt ans en 2007. Depuis la création de ce programme européen d'échanges interuniversitaires, Erasmus aura fait voyager 1,5 million de jeunes européens. Parmi eux, 217 000 Français. La France arrive en tête des pays les plus appréciés, avec l'Allemagne, l'Espagne, l'Italie et le Royaume-Uni.

importants. La loi «relative aux libertés et responsabilités des universités», adoptée en juillet 2007, renforce les compétences et les responsabilités des présidents d'universités. Elle leur attribue notamment la gestion d'un budget désormais global, la nomination et la gratification d'une partie du personnel administratif, la répartition des horaires entre formation et recherche, etc.

L'enseignement supérieur s'est ouvert à son environnement économique, par la création de liens plus étroits avec les partenaires publics, notamment les collectivités territoriales, mais aussi avec le secteur privé. Deux représentants du monde économique (chef d'entreprise ou cadre de direction) entrent ainsi au conseil d'administration. Les adversaires de cette réforme redoutent que la concurrence entre les établissements ne s'exacerbe, qu'elle se traduise rapidement par une augmentation des frais d'inscription et, à terme, par une privatisation de l'enseignement supérieur.

***La faculté de droit Alexis de Tocqueville** à Douai (Nord), ville universitaire depuis le XVIe siècle.*

La recherche et l'innovation

La France est reconnue à l'étranger pour l'excellence de ses filières scientifiques, en physique mais aussi en mathématiques, en chimie et en médecine où elle décroche régulièrement les plus hautes distinctions internationales. L'attribution du prix Nobel de physique 2007 au Français Albert Fert – conjointement avec l'Allemand Peter Grünberg – vient à point pour illustrer cela. Les travaux sur la magnétorésistance géante, menés simultanément par les deux chercheurs, sont à l'origine d'une véritable révolution industrielle qui a permis de multiplier par cent la capacité de mémoire de nos ordinateurs. Albert Fert n'est pas un cas isolé. Quelque temps avant lui, Pierre-Gilles de Gennes et Georges Charpak ont également été récompensés en physique, Yves Chauvin en chimie – en dignes successeurs de Pasteur, de Jean Perrin ou de Pierre et Marie Curie. La France est également à l'origine d'innovations aussi importantes que le TGV, la fusée Ariane, ou la carte à mémoire... autant de réussites largement impulsées par l'État.

Les Nobel scientifiques français depuis 1945

1965 : prix Nobel de médecine : François Jacob, André Lwoff, Jacques Monod

1966 : prix Nobel de physique : Alfred Kastler

1970 : prix Nobel de physique : Louis Néel avec Hannes Alfvén

1980 : prix Nobel de médecine : Jean Dausset

1987 : prix Nobel de chimie : Jean-Marie Lehn

1988 : prix Nobel d'économie : Maurice Allais

1991 : prix Nobel de physique : Pierre-Gilles de Gennes

1992 : prix Nobel de physique : Georges Charpak

1997 : prix Nobel de physique : Claude Cohen-Tannoudji

2005 : prix Nobel de chimie : Yves Chauvin

2007 : prix Nobel de physique : Albert Fert, avec P. Grünberg

Les médaillés Fields

La médaille est considérée comme l'équivalent du Nobel, en mathématiques.

1950 : Laurent Schwartz

1954 : Jean-Pierre Serre

1958 : René Thom

1966 : Alexandre Grothendieck

1982 : Alain Connes

1994 : Pierre-Louis Lions et Jean-Christophe Yoccoz

2002 : Laurent Lafforgue

2006 : Wendelin Werner

***Albert Fert**, colauréat du prix Nobel de physique 2007.*

Les entreprises françaises, en revanche, peinent à traduire en innovations industrielles rentables les découvertes et les inventions des organismes de recherche. Or, dans un contexte de mondialisation et de concurrence exacerbée, la recherche et l'innovation constituent le socle de la richesse et de l'emploi futur. Ce n'est pas pour rien que la France s'est engagée à atteindre l'objectif fixé en mars 2002 par le Conseil européen de Barcelone qui consiste à porter, à l'horizon 2010, la dépense intérieure de recherche et développement (DIRD) à 3% du PIB, avec une participation aux deux tiers de la R & D (recherche – développement) privée.

Le décalage entre recherche et innovation s'explique principalement par le cloisonnement des deux secteurs, aux logiques différentes.

La recherche publique

Le système public de recherche en France est très différent de celui des autres grandes nations scientifiques. Partout ailleurs, le système s'articule essentiellement autour des universités dans un esprit de concurrence entre les équipes. En France, les facultés du début du XXe siècle, traditionalistes et mandarinales, n'ont pas su relever les défis que leur lançaient les sciences modernes et l'évolution de la société. Les gouvernements d'alors ont pris la décision de les contourner, en créant d'abord le CNRS (Centre

Le budget civil de R & D de la France (15 milliards d'euros, financés par l'État, hors celui des collectivités territoriales et de l'Union européenne) se répartit ainsi : 42 % aux sciences dures, 30 % à la défense, 21 % aux sciences du vivant, 7 % aux sciences sociales.

Budget de la DIRD : 36 milliards d'euros, soit 2,14 % du PIB.

D'autres modes de financement de la recherche. L'Association française de myopathies est devenue un acteur incontournable de la recherche dans l'Hexagone, grâce à l'organisation du Téléthon (un marathon caritatif télévisuel). Outre de nombreux programmes de soutien à la recherche académique, les 778 millions d'euros recueillis depuis 1988 ont permis de financer le Généthon. Cette entreprise de biothérapie à but non lucratif (notamment en génétique et en thérapie génique) a pour objectif de mettre sur le marché des thérapies géniques destinées aux maladies rares, principalement neuromusculaires.

Chercheurs sur le terrain *: études glaciologiques dans l'Antarctique, station franco-italienne de Concordia Dôme C ; au pied des Andes, près d'Iquitos (Pérou), une équipe de géologues du CNRS.*

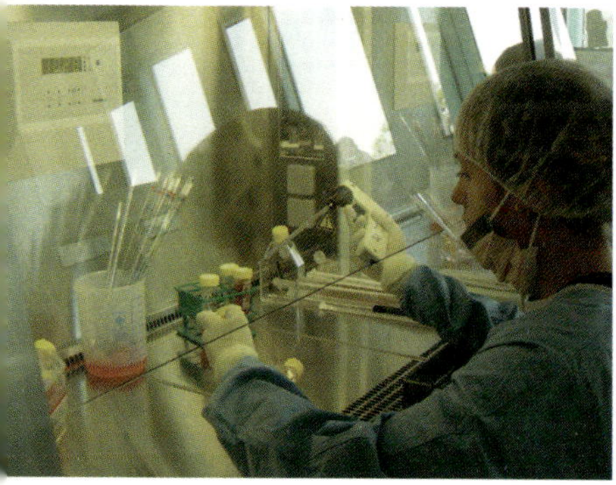

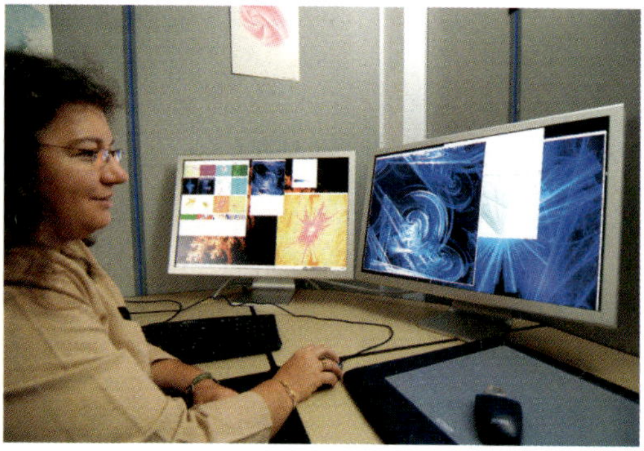

Laboratoire d'étude du prion *au sein du CEA. Projet Complex (évolutions artificielles et fractales) développé par l'Inria, sous contrat avec Oséo-Anvar.*

national de la recherche scientifique) en 1939. Le fleuron de la recherche française ne prendra réellement son essor qu'au sortir de la seconde guerre mondiale, avec le développement de laboratoires propres, bien équipés, au personnel jeune et particulièrement dynamique. Par la suite sera également créée une série d'établissements spécialisés destinés à relever les grands défis de l'époque : le CEA (Commissariat à l'énergie atomique) pour assurer l'indépendance énergétique et doter le pays de l'arme nucléaire, l'INRA (Institut national de la recherche agronomique) pour adapter les nouvelles pratiques agricoles dans un monde rural en pleine mutation, l'INSERM (Institut national de la santé et de la recherche médicale) pour faire progresser la recherche médicale et clinique, l'IFREMER (Institut français de recherche pour l'exploitation de la mer) pour explorer l'océan et y déceler les richesses énergétiques et minérales, l'INRIA (Institut national

L'École des neurosciences de Paris Île-de-France

Le RTRA rassemble 300 chercheurs de l'Inserm, du CEA, du CNRS, de l'université Paris 6-Pierre et Marie Curie et de l'université Paris 11-Sud. Il a pour ambition d'aider à comprendre les mécanismes responsables de handicaps majeurs physiques ou psychiques. Deux nouvelles plates-formes se sont ouvertes en 2007, Neurospin et MIRCEN (plate-forme préclinique d'imagerie pour la thérapie génique, cellulaire et médicamenteuse) ainsi que deux nouveaux centres, l'Institut de la vision et l'Institut du cerveau et de la moelle (ouverture fin 2009).

de recherche en informatique et en automatique) pour participer à la mutation que l'informatique, l'électronique et l'automatique apportaient à tous les domaines d'activité.

Autres particularités, sans doute uniques au monde : la liberté de recherche et la pérennité de l'emploi. Les étrangers ne l'ignorent pas : le CNRS en compte plus de 12 %. « Ce n'est pas seulement une question sociale, c'est aussi une question scientifique » expliquait au journal *Le Monde*, le Géorgien David Prangishvili, un microbiologiste de renommée mondiale arrivé en France en 2003. « Vous pouvez dès lors tenir plus longtemps le cap dans vos travaux. » Revers de la médaille, cet état d'esprit n'incite pas les scientifiques à valoriser leurs recherches, même si la mise en place récente d'aides financières et de facilités pour créer des entreprises de haute technologie a fait un peu évoluer les mentalités.

La montée en puissance des établissements de recherche publique a réduit d'autant la contribution des

La Sorbonne s'implante à Abou Dhabi

L'université Paris-Sorbonne a ouvert une antenne, en octobre 2006, à Abou Dhabi aux Émirats arabes unis. Il s'agit d'un événement politique et culturel sans précédent. La Sorbonne, qui fête ses 750 ans, quitte pour la première fois son quartier Latin. Elle est aussi la première à s'installer à l'étranger dans le domaine des humanités ; qui plus est dans un pays arabo-musulman, réformiste, anglophone, en pleine expansion économique et démographique, où les élites pratiquent le français. L'acte de fondation de la nouvelle université prévoit les mêmes enseignements et les mêmes exigences que ceux de Paris. Ce sont aussi les professeurs de Paris, près de deux cents en 2007-2008 dont la prise en charge financière est assumée par le gouvernement émirien, qui effectuent des séjours d'une à deux semaines à Abou Dhabi. Les programmes sont semblables à ceux de Paris dans tous les domaines des humanités. En géographie, lettres modernes, histoire, histoire de l'art et archéologie, philosophie, langues étrangères appliquées, les professeurs permanents (un par discipline) et les professeurs se déplaçant pour une à deux semaines s'adaptent à leurs élèves avec la même recherche de l'excellence.

Paris Sorbonne-Abou Dhabi compte bien s'étendre, avec l'objectif de créer un « pont entre les civilisations » – près de 40 nationalités sont représentées, les étudiants provenant du Moyen-Orient, d'Europe, d'Asie, d'Afrique et d'Amérique du Sud – et de faire partie des premières universités françaises à s'implanter sur la scène internationale. (Philippe Boulanger, université Paris Sorbonne-Abou Dhabi).

universités dans ce domaine. Au moins dans un premier temps. Car, depuis les années soixante-dix, les 53000 enseignants-chercheurs des universités françaises ont renoué avec la recherche à travers les «unités mixtes de recherche» (UMR) qui associent universités et organismes de recherche. Très souvent, un scientifique d'une UMR est d'ailleurs affublé de plusieurs titres: par exemple professeur d'université et directeur de recherche au CNRS... S'il a montré une réelle efficacité dans le dialogue entre l'enseignement supérieur et les organismes de recherche, le système des UMR reste cependant assez peu lisible, surtout de l'étranger.

Mais, quel que soit leur statut, les acteurs de la recherche publique sont plus versés dans la recherche fondamentale que dans la recherche appliquée. Pour eux, la priorité est de répondre au besoin de connaître et de comprendre le monde, la vie, la société... Au secteur privé de s'emparer de leurs recherches et de les valoriser, afin d'en tirer les bénéfices.

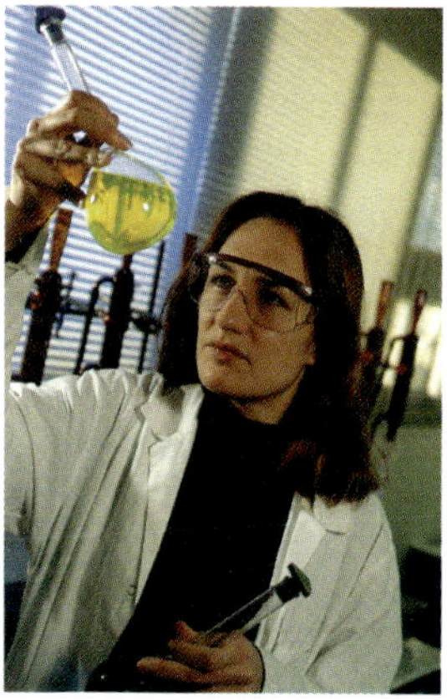

Recherche privée : *chercheuse du groupe pétrolier Total.*

La recherche privée

De l'autre côté, à de notables exceptions près, la recherche n'est pas une priorité pour les entreprises privées françaises. En 2004, leurs dépenses représentaient 52% (soit 1,36% du PIB) du total de la R & D en France – un taux relativement faible, comparé à son poids dans les firmes allemandes (60%) ou américaines (68%) et aux 72% investis par le secteur privé nippon. Surtout, ces efforts se concentrent sur certains domaines – l'automobile, la téléphonie, la pharmacie ou encore l'aéronautique – et peu de sociétés – plus de la moitié des dépenses R & D du secteur privé est assurée par treize grandes entreprises seulement. Thalès, le champion français dans ce domaine, consacre 18% (près de 2 milliards d'euros) de son chiffre d'affaires à la R & D. Mais la plupart des groupes ne consacrent jamais plus de 5% à leur R & D (Michelin 4%, Air Liquide 1,6%, Saint-Gobain 1,1%). Et faute de terrain de rencontre, les

PME peinent à trouver des partenaires scientifiques dans les sphères publiques et des financiers à même de les accompagner dans leurs démarches de valorisation. Au manque de culture entrepreneuriale des chercheurs du public répond en effet une méconnaissance par les entreprises des arcanes administratives et des ressources de la recherche publique. Entre industriels et chercheurs, l'absence de dialogue se traduit par une méfiance réciproque.

Créée en 1994, ***la Cosmetic Valley*** *associe une centaine d'entreprises de la parfumerie-cosmétique (de grandes marques comme Guerlain, Hermès, Shiseido, mais aussi des PME-PMI) de dix départements autour de l'Eure-et-Loir. Elle a reçu le label de « pôle de compétitivité » et le soutien de grands organismes publics de recherche.*

Une logique nouvelle de partenariat sur projets

Conscient de ces difficultés, l'État a mis en place à partir de 2005 une série de mesures destinées à dynamiser l'innovation, en rapprochant les acteurs de la recherche, qu'elle soit privée ou publique, fondamentale ou appliquée.

Des « pôles de compétitivité » ont été labellisés sur tout le territoire (*voir chapitre 2*) ; recherche privée et recherche publique y travaillent la main dans la main, sous la houlette des entreprises privées. Leur but ? Accroître la compétitivité en créant de nouveaux produits, tout en obtenant une visibilité internationale. Lyonbiopole, par exemple, qui associe les compétences en biotechnologies de Lyon et de Grenoble, ambitionne d'occuper une place de leader mondial dans la lutte contre les maladies infectieuses comme la grippe aviaire, l'hépatite C ou le sida.

La loi sur les universités, adoptée en juillet 2007, a également repris une formule courante aux États-Unis, la fondation d'entreprise. La première a vu le jour au sein même de l'université Lyon 1– Claude-Bernard, avec Sanofi-Pasteur, division vaccins du groupe Sanofi Aventis, et la

*Amphithéâtre de l'**École polytechnique** à Palaiseau (Essonne). La plus célèbre école d'ingénieurs française est sous la tutelle du ministère de la Défense. On la surnomme l'X à cause de la prééminence de l'enseignement des mathématiques. Elle assure aux polytechniciens l'accès aux hautes fonctions de l'État et des grandes entreprises.*

Banque populaire Loire et Lyonnais. Le mécénat devrait permettre à la fondation de lever, en cinq ans, près de 10 millions d'euros. Dans le même esprit et à l'instar des instituts Fraunhofer allemands, des laboratoires, instituts ou établissements de recherche technologique peuvent se voir décerner, pour quatre ans, le nouveau label « Carnot », s'ils ont fait leurs preuves dans la conduite de projets en partenariat avec des entreprises. En contrepartie, ils reçoivent de l'État un appui financier proportionnel au volume des contrats conclus avec leurs partenaires.

La tendance est générale : les crédits sont massivement tournés vers la recherche appliquée, et l'emprise des firmes sur la recherche publique elle-même est de plus en plus forte. Rompant avec la logique qui prévaut dans les organismes de recherche traditionnels, se met notamment en place une logique de projets à court terme. L'Agence nationale de la recherche est ainsi chargée de financer des projets de recherche fondamentale ou appliquée. Elle a bénéficié, pour l'année 2007, d'une capacité d'engagement de 825 millions d'euros pour des projets de recherche d'une durée maximale de quatre ans. Son budget doit atteindre 1300 M € en 2010. Afin d'orienter durablement l'industrie nationale vers des secteurs à forte intensité technologique, des « programmes mobilisateurs pour l'innovation industrielle » de grande envergure ont aussi été lancés par l'Agence de l'innovation industrielle, sous l'égide des grandes entreprises. Ces deux nouvelles agences travailleront en étroite collaboration avec l'agence Oséo-Anvar, dédiée aux projets innovants portés par les petites et moyennes entreprises.

ITER

Cadarache, dans la région Provence-Alpes-Côte-d'Azur (PACA), a été choisie par la communauté internationale pour accueillir ITER (*International Thermonuclear Experimental Reactor*). L'installation représente 10 milliards d'euros d'investissement sur trente ans.

ITER est destinée à démontrer la possibilité de maîtriser les réactions de fusion nucléaire (à ne pas confondre avec la fission des centrales nucléaires) à l'œuvre au cœur du Soleil.

ITER est un réacteur de recherche, dont l'objectif est de contrôler la réaction de fusion durant 400 secondes. Il ne constitue qu'une étape dans la quête de l'énergie des étoiles, qui a débuté il y a plus de trente ans.

Vers 2025, devrait lui succéder DEMO, un réacteur de démonstration enfin producteur d'électricité, puis, aux environs de 2050, un réacteur industriel.

L'excellence devrait surgir de la mise en concurrence des équipes de chercheurs, à l'instar de ce qui se passe dans d'autres pays. Une évolution qui ne va pas sans inquiéter nombre de scientifiques français. À plusieurs reprises, ils ont manifesté leurs craintes de voir leurs programmes de recherche dictés par la seule logique industrielle ou politique.

Les mesures prises et les évolutions en cours devraient rendre la France plus accueillante aux scientifiques et aux entrepreneurs étrangers. Déjà entre 2001 et 2005, 40% de la production scientifique française a été assurée par des équipes de recherche multinationales – 40% pour la Grande-Bretagne, 43% pour l'Allemagne, 25% pour les États-Unis. Les universités américaines demeurent les partenaires privilégiés des scientifiques français avec 25% du total des coopérations, devant l'Allemagne (15,5%), le Royaume-Uni (14,5%), le Canada (6%) et le Japon (4,3%). Les collaborations intra-européennes, elles, ont beaucoup progressé au cours des cinq dernières années, sous l'effet des programmes de recherche communautaire (PCRD), principaux instruments de l'Union dans le domaine de la recherche. La France joue notamment un rôle majeur dans les grands programmes européens qu'il s'agisse du nucléaire, de l'espace, de l'aéronautique ou des programmes Eurêka.

Maquette du site ITER.

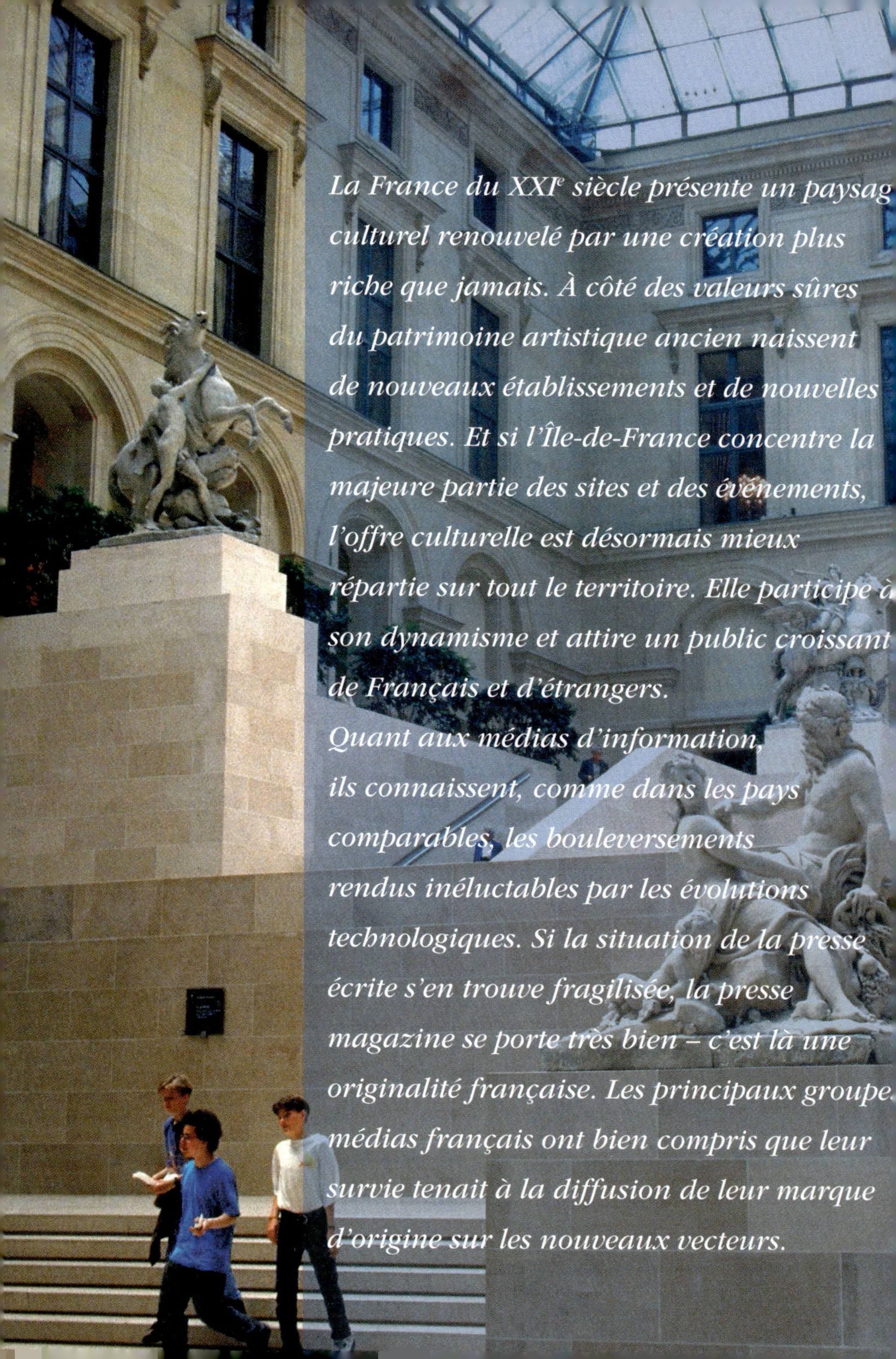

La France du XXIe siècle présente un paysag culturel renouvelé par une création plus riche que jamais. À côté des valeurs sûres du patrimoine artistique ancien naissent de nouveaux établissements et de nouvelles pratiques. Et si l'Île-de-France concentre la majeure partie des sites et des événements, l'offre culturelle est désormais mieux répartie sur tout le territoire. Elle participe à son dynamisme et attire un public croissant de Français et d'étrangers.

Quant aux médias d'information, ils connaissent, comme dans les pays comparables, les bouleversements rendus inéluctables par les évolutions technologiques. Si la situation de la presse écrite s'en trouve fragilisée, la presse magazine se porte très bien – c'est là une originalité française. Les principaux groupe médias français ont bien compris que leur survie tenait à la diffusion de leur marque d'origine sur les nouveaux vecteurs.

10

La culture et les médias

Page précédente : Musée du Louvre. Le Hall Napoléon.

Alors que sous l'Ancien Régime les arts étaient le fait du Prince, la République à peine née a reconnu le statut de l'artiste et formulé le droit d'auteur, transformé en musée le palais du Louvre, qui abritait les collections royales, et nationalisé des monuments historiques, les archives et les bibliothèques, considérés comme biens de la Nation tout entière. Ce « patrimoine national », il fallait le protéger, l'entretenir et l'ouvrir à tous.

Une politique culturelle républicaine

Tout au long du XXe siècle, l'État républicain affiche le même souci du patrimoine et une même ambition : démocratiser l'accès à la culture – le Théâtre national populaire, le TNP que dirigera plus tard Jean Vilar, est créé dès 1920. Le bref Front populaire affirme plus encore la fina-

***La Fête de la musique**, un événement désormais planétaire (120 pays) est née en France il y a vingt-cinq ans. Le 21 juin, solistes, orchestres et fanfares investissent les rues et les jardins. Ici, dans les jardins du Luxembourg à Paris, des musiciens brésiliens.*

lité sociale de l'art. On lui doit, par exemple, la mesure qui oblige toujours, sous le nom de « 1 % artistique », une nouvelle construction publique à consacrer 1 % de son budget à une œuvre d'art intégrée.

Au cours du dernier demi-siècle, deux impulsions majeures ont façonné l'action publique en matière culturelle. La première est la création en 1959 par le général de Gaulle d'un ministère des Affaires culturelles, sous la houlette de l'écrivain André Malraux qui veut rapprocher la culture des publics. Il organise le secteur et crée les maisons de la culture en 1961, dont le financement à parité avec les villes constitue la première forme de partenariat.

La seconde impulsion est donnée sous la présidence de François Mitterrand. Le ministère prend le titre significatif de ministère de la Culture et des Grands travaux, avec un budget qui double dès 1981. Jack Lang, son titulaire à deux reprises, mène une vigoureuse politique d'expansion s'ouvrant à la fois aux formes les plus contemporaines de l'art et à des pratiques « mineures », le rock par exemple. Il achève l'installation des directions régionales des affaires culturelles (Drac) initiée par Malraux et multiplie les réalisations : bibliothèques centrales, centres dramatiques et chorégraphiques nationaux, orchestres régionaux, soutien à d'innombrables associations, fêtes et journées thématiques... Par ailleurs, le soutien aux industries culturelles fait désormais partie des attributions du ministère de la Culture, ce qui lui confère une dimension économique nouvelle.

Parallèlement, la décentralisation est en marche : les municipalités, les départements, les régions développent, d'abord avec hésitation puis avec ardeur, leurs propres politiques culturelles. Depuis 2002, des investissements très importants sont consentis à des réalisations, majoritairement en province, soit sous la forme d'antennes d'établissements parisiens – le Louvre à Lens ou le Centre Georges Pompidou à Metz, soit pour soutenir l'initiative de grandes villes – le musée des civilisations de l'Europe et de la Méditerranée à Marseille, par exemple. Dans les régions, les fonds régionaux d'art contemporain (FRAC, créés en

Également organisées par le ministère de la Culture pour promouvoir le livre et la lecture, les trois journées de ***Lire en fête*** *ont lieu en octobre. Des lectures littéraires en tout genre ont lieu dans les cafés, les supermarchés et les gares, dans les hôpitaux et les prisons, dans les bibliothèques et les librairies.*

À Strasbourg, chaque été en août, un festival : ***Les Arts dans la rue****. Pendant une semaine, le centre de la ville s'anime des spectacles de clowns, acrobates et autres personnages drolatiques.*

Le financement de la culture en millions d'euros

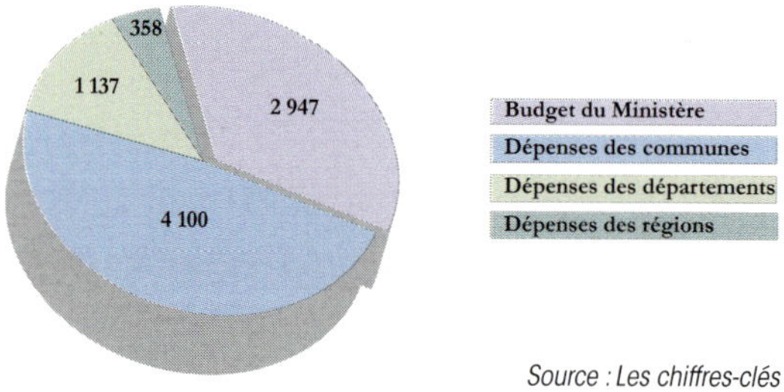

Source : Les chiffres-clés de la culture, 2007.

Le groupe Eiffage : septième groupe européen de la construction et des concessions.

Le groupe Vinci est le premier groupe mondial dans ce domaine ; il gère un très grand nombre de services, routes, stationnement urbain, etc.

1982) sont devenus des pôles artistiques actifs, aujourd'hui à la tête d'une collection de 19000 œuvres, qu'ils exposent et valorisent auprès de tous les publics. Certaines régions ont fait du Plan numérique une priorité : elles ouvrent des lieux publics de consultation d'internet. Aujourd'hui, la part du financement de la culture par les collectivités territoriales dépasse celle de l'État.

Le mécénat, longtemps confidentiel, connaît un essor rapide, accéléré en 2003 par des dispositions d'allègement fiscal pour les entreprises. En 2007, les collections publiques, aidées par le groupe Eiffage, ont ainsi acquis une partie des archives de l'architecte Eugène Viollet-le-Duc (1814-1879) d'une valeur de 1,6 million d'euros, tandis

L'art contemporain dans la cité

Symbole d'une politique culturelle du département, en l'occurrence le Val-de-Marne (VAL), c'est le premier musée d'art contemporain (MAC) à s'installer dans la petite couronne parisienne. Inauguré en 2005 à Vitry-sur-Seine, le MAC/VAL est un bâtiment horizontal aux parois de verre, simple et lumineux, représentatif de l'agencement des nouveaux espaces muséaux avec jardin arboré, cinéma, médiathèque, espaces pédagogiques et restaurant, ainsi que deux résidences d'artistes (architectes Jacques Ripault et Denise Duhart). Il a hérité d'une collection d'un millier de pièces des années cinquante à aujourd'hui, constituée par le conseil général du Val-de-Marne ; y ont place des œuvres du sculpteur César, de la plasticienne Annette Messager, des peintres Pierre Soulages, Olivier Debré ou Peter Stämpfli ainsi que d'artistes plus jeunes, la photographe et vidéaste Valérie Jouve ou la peintre Valérie Favre, et les acquisitions continuent. Labellisé « Musée de France », le MAC/VAL, pratique l'ouverture maximale, en direction du public local, peu familier de l'art moderne, comme des artistes, invités à concevoir l'installation de leur exposition. « Nous souhaitons que cet espace soit le leur, explique son équipe, et que le MAC/VAL soit un lieu de vie, de rencontre, de dialogue, d'ouverture, de mouvement. C'est un musée humaniste ».

que Vinci achevait la plus grosse opération de mécénat jamais effectuée en restaurant la prestigieuse galerie des Glaces du château de Versailles. Par ailleurs, la loi de 1972 sur les dations (règlement de droits de succession par des œuvres d'art) permet d'enrichir régulièrement les collections publiques: ainsi est né le musée Picasso.

À l'échelle nationale, des mesures sont prises pour ouvrir encore davantage le patrimoine: l'accès aux 33 musées nationaux est gratuit pour certains publics et, pour tous, un dimanche par mois. D'autres concernent les jeunes qui ne partent pas en vacances (35 000 d'entre eux ont été accueillis dans les châteaux-musées du patrimoine en 2007 lors des troisièmes «Portes du temps»), les personnes handicapées, hospitalisées ou en détention.

Dations: de 1972 à 2005, la valeur des œuvres acquises par les collections nationales par dation s'élève à 15 millions d'euros en moyenne par an, avec des pics à 45 millions. Cette disposition a permis aux œuvres suivantes d'entrer dans les collections nationales: l'ensemble des œuvres de Picasso, permettant la création du musée Picasso à Paris; *L'Astronome*, par Vermeer; *La marquise de Santa-Cruz*, par Goya; *Le déjeuner sur l'herbe*, par Claude Monet; un secrétaire Louis XVI, par Martin Carlin; un buste de Louis XV, par Jean-Baptiste II Lemoyne; *Renaud dans les jardins d'Armide*, par Fragonard.

Le patrimoine et la création en mouvement

Le patrimoine national des origines a vu son périmètre s'élargir: aujourd'hui, il est aussi naturel, immobilier, industriel, de proximité, immatériel... De près ou de plus loin, l'État gère ou protège ce riche capital collectif.

L'attachement des Français à leur patrimoine est civique autant qu'affectif. Lors des Journées du Patrimoine, les visiteurs (douze millions) privilégient les palais du pouvoir: l'Élysée, l'Assemblée nationale, le Sénat. Mais les Français chérissent aussi, au sein d'innombrables associations, le patrimoine «bâti par eux et pour eux», lavoirs, chapelles ou places de village, soit des milliers d'édifices privés et publics, sans compter ces nombreux écomusées qui valorisent les traditions économiques locales. Les trésors du savoir-faire des artisans d'art français depuis cinq siècles, ébénistes, tapissiers, brodeurs, orfèvres, céramistes, verriers, avaient

__La galerie des Glaces__ du château de Versailles, conçue pour célébrer les victoires et le bon gouvernement de Louis XIV, a retrouvé ses ors, ses bronzes et ses couleurs après trois années de travaux de restauration délicats et coûteux.

***Le patrimoine religieux**. On estime à 800 000 le nombre annuel des visiteurs de la basilique romane de Vézelay (Bourgogne), de son tympan avec son beau Christ en gloire.*

déjà leur musée dans une aile du Louvre, le musée des Arts décoratifs. Il vient d'être réaménagé avec brio. Enfin, bien des sites du patrimoine industriel réhabilités sont transformés en espaces culturels : La Piscine, un somptueux bâtiment municipal Art déco, accueille le Musée d'art et d'industrie à Roubaix, l'ancienne fabrique d'un biscuit mythique en France, le « petit beurre LU » abrite le Lieu Unique à Nantes.

Les nouveaux grands chantiers sont allés à des architectes consacrés : Jean Nouvel (pour le Musée du quai Branly), Christian de Portzamparc (pour la Cité de la musique), Henri Gaudin (pour le stade Charléty). Mais une nouvelle génération s'est levée, révélée et stimulée par le système des concours. Elle s'exprime souvent en province – Manuelle Gontrand ou Marc Barani par exemple. La Cité de l'architecture et du patrimoine qui a ouvert ses portes en 2007 au palais de Chaillot, la plus vaste du monde dit-on, témoigne bien de la vitalité continue des bâtisseurs en France, du Moyen Âge au XXIe siècle.

La rencontre avec les différentes formes de la création peut aujourd'hui se décliner à l'infini. La culture est devenue, n'en déplaise à Malraux, un objet de consommation: sept millions d'entrées l'an au musée du Louvre qui vient de détrôner la tour Eiffel, cinq au Centre Georges Pompidou, trois à la Cité des sciences et de l'industrie... Les festivals se comptent par centaines: il y a des «institutions» comme les Francofolies de La Rochelle, le Printemps de Bourges, les Vieilles Charrues en Bretagne, les Eurockéennes de Belfort pour la musique, Visa pour l'image à Perpignan pour le photojournalisme, ou Cinéma des trois continents à Nantes. Il y a les festivals de jazz: à Marciac, Vienne, Juan-les-Pins...

Les nouveaux lieux culturels revendiquent la multidisciplinarité et l'ouverture à toutes les expressions artistiques. C'est le cas du Channel, scène nationale, dans les anciens abattoirs de Calais ou du Quai à Angers, ultra-moderne, ouverts tous les deux en 2007. Le Studio national des arts du Fresnoy, près de Tourcoing, lieu d'étude et de production, mêle tous les langages audiovisuels sur tous les supports, traditionnels et numériques.

En plus des édifices du patrimoine civil et militaire dont il est propriétaire, l'État français gère les **monuments historiques protégés**, dont la moitié appartiennent à des propriétaires privés. Depuis 1913, ceux-ci sont tenus d'entretenir leurs biens, mais ils bénéficient pour cela de subventions et du concours des architectes du Patrimoine.

Le musée des Arts d'Afrique, d'Océanie, d'Asie et d'Amérique du quai Branly

Jean Nouvel avait joyeusement surpris les Parisiens avec l'Institut du monde arabe miroitant, au-dessus la Seine. Le long du fleuve à nouveau, l'architecte a posé un vaste vaisseau allongé, dans des tons de rouge sombre, sur des pilotis qui s'élèvent au-dessus d'un jardin de hautes herbes parcouru de sentiers. L'atmosphère est celle d'un sous-bois. La forêt étant un symbole universel de lieu initiatique, l'entrée dans le musée des Arts d'Afrique, d'Océanie, d'Asie et d'Amérique du quai Branly, ouvert en juin 2006, introduit à la rencontre avec des œuvres et des objets dont la plupart ont été conçus avec une intention spirituelle.

Le musée en expose 3500, tirés de sa fabuleuse collection de 300000 pièces, héritée en majorité du musée de l'Homme du Trocadéro. Il est aussi, en lien avec l'Université, un centre de recherche international et interdisciplinaire, de l'anthropologie à la linguistique, l'histoire et l'esthétique, et mène une politique de coopération avec les pays d'origine des objets. Quant au public, il est obligé de revenir au quai Branly. À côté des quatre expositions simultanées l'attendent une université populaire, un théâtre, un cinéma et une médiathèque incomparable (dont 25000 ouvrages en libre accès et dix fois plus en magasin). Six mois après son ouverture, le musée du quai Branly avait déjà accueilli un million de visiteurs.

Le jardin du musée du Quai Branly, côté Seine, conçu par le paysagiste Gilles Clément. Des allées courbes dans une végétation presque sauvage, en contraste avec les caissons métalliques de la façade. Le fameux mur végétal est en aval.

Deux nouveaux sites au patrimoine mondial

La Liste du Patrimoine mondial s'est récemment enrichie de deux nouveaux sites français, Le Havre et Bordeaux. Le premier a été désigné par l'Unesco en 2006 pour son centre-ville reconstruit par l'architecte Auguste Perret entre 1945 et 1964, après avoir été dévasté par les bombardements, avec son architecture de béton innovante et aérée, typique du style de l'après-guerre. En 2007, l'Unesco a aussi classé un vaste périmètre de la **ville de Bordeaux** pour son architecture de l'époque des Lumières, notamment la façade des quais de la Garonne (1740) et le Grand Théâtre (1780). Après Paris, Bordeaux est la ville française qui compte le plus de monuments protégés, avec près de 350 édifices classés aux monuments historiques (ci-dessus le quai des Chartrons).

La France compte 31 sites inscrits au Patrimoine mondial. Outre les châteaux de Versailles et de Fontainebleau, sont classés des sites religieux (cathédrales d'Amiens, de Reims et de Chartres, Mont-Saint-Michel, chemins de pèlerinage de Saint-Jacques-de-Compostelle...), des constructions antiques (pont du Gard, théâtre antique d'Orange) et des sites naturels (Val de Loire entre Sully-sur-Loire et Chalonnes). L'Unesco a aussi distingué le patrimoine historique de villes, comme les quais de la Seine à Paris, le centre d'Avignon (Palais des papes, ensemble épiscopal et pont) ou la ville fortifiée de Carcassonne.

L'Opéra de Lille (Nord).

Les arts vivants bénéficient de la multiplication des scènes, sur tout le territoire. Le théâtre pâtit pourtant un peu de l'attirance du public jeune pour d'autres formes de spectacles. Mais la production se maintient, dans le secteur subventionné et dans le secteur privé, plus ou moins aidé. Les poids lourds de la mise en scène restent Patrice Chéreau, Jean-Pierre Vincent ou Ariane Mnouchkine. Le répertoire donne souvent à voir un monde noir, si noir que les spectateurs ont protesté au Festival d'Avignon de 2005. Car ce festival, créé par Jean Vilar en 1947, continue d'être le lieu privilégié de mises en scènes originales, parfois reconnues, souvent discutées. Celui de 2007 a livré aux spectateurs et à la critique celles, par exemple, de Julie Brochen (*L'Échange* de Paul Claudel) et de Frédéric Fisbasch (*Feuillets d'Hypnos* de René Char), celles du Polonais K. Warlikowski et de l'Italien R. Cartallucci.

Le théâtre de rue compte des centaines de compagnies, tandis que le cirque a connu un renouveau spectaculaire à partir des années quatre-vingt, lorsque deux écoles ont ouvert, l'une privée et aidée, l'Académie Fratellini, l'autre publique, le Centre supérieur des arts du cirque, à Chalons-en-Champagne.

Une place à part dans cet inventaire peut être faite à Bartabas : Zingaro tourne en France et dans le monde avec ses opéras équestres à la dimension onirique (sa dernière création : *Battuta*). Pour héberger l'Académie du spectacle équestre qu'il a créée, on lui a royalement offert les Grandes écuries de Versailles.

La musique classique, l'opéra et les arts lyriques sortent de leur isolement. La première dispose à nouveau de la salle Pleyel, réouverte en 2007. Un auditorium va être construit à La Villette dans la Cité de la musique. En 1995, la Folle journée de Nantes voulait « désacraliser le concert classique ». Pari gagné : devenue semaine, elle a fait venir plus de 110 000 personnes à deux cents concerts classiques en 2007. Aix vient d'inaugurer son nouveau Grand Théâtre lyrique. À l'Opéra de Paris, où les jeunes étoiles s'appellent Kader Belarbi, Aurélie Dupont et Nicolas Le Riche, le répertoire s'est ouvert aux chorégraphes étrangers qui aiment travailler en France (Martha Graham, Alvin Ailey, Paul Taylor, Lucinda Childs). Les dix-neuf centres chorégraphiques nationaux ont élargi le public de la danse contemporaine qui apprécie Régine Chopinot, Mathilde Monnier, Philippe Decoufflé ou Anton Preljocaj. Blanca Li innove à chaque ballet, puisant dans de nombreux répertoires différents, comme celui du hip-hop, une discipline en cours de reconnaissance.

On aime le cinéma en France, où le très *glamour* Festival de Cannes reste l'événement. À Paris, la nouveauté pour les cinéphiles (ceux qui fréquentent le millier de salles d'art et essai) est l'emménagement de la mythique Cinémathèque, enrichie de la BIFI (bibliothèque du film), dans le quartier de Bercy. Les industries cinématographiques et audiovisuelles sont soutenues par l'État. Le Centre national du cinéma (CNC) distribue des aides à la création, à la production et à la diffusion (sous forme d'avances sur les recettes), ainsi qu'à la conservation et restauration des films. Bon an, mal an, depuis 2001 la production française annuelle oscille autour de deux cents films, dont les trois quarts au moins d'initiative française. L'année 2006 a été celle de l'embellie, avec une part de marché qui a dépassé

Un autre de ces nombreux rendez-vous musicaux en plein air, ***les Nuits de Fourvière****, dans le cadre du Théâtre antique de Lyon. On y donne aussi de la danse, du cinéma, de la chanson, et du théâtre.*

Le secteur subventionné, ce sont :

– cinq théâtres nationaux : la Comédie-Française, le Théâtre national de Chaillot, le Théâtre de la Colline, l'Odéon – théâtre de l'Europe, le Théâtre national de Strasbourg ;

– trente-huit centres dramatiques nationaux et régionaux ;

– soixante-neuf scènes nationales.

Dans l'ex-American Center construit par Franck O. Gehry, se sont installées ***la Cinémathèque française****, institution originale fondée en 1936 par Henri Langlois, et la Bibliothèque du film, centre de ressources documentaires sur le cinéma.*

Marion Cotillard, l'actrice principale du film, a reçu en 2008 à Hollywood l'Oscar de la meilleure actrice pour son interprétation de la chanteuse Édith Piaf.

celle des films américains. Après Gérard Depardieu ou Juliette Binoche, les visages de la relève sont ceux de Louis Garel ou Romain Duris, Jeanne Balibar, Emmanuelle Devos ou Marina Hands, l'héroïne de *Lady Chatterley* réalisé par Pascale Ferran. Une mention spéciale est due au cinéma d'animation qui récolte les fruits de dispositifs de soutien mis en place voici plusieurs années. Il est particulièrement apprécié à l'étranger, et jusqu'au Japon. Citons simplement *Kirikou et la sorcière* et *Azur et Asmar* de Michel Ocelot, *Arthur et les Minimoys* de Luc Besson, *Persépolis* de Marjane Satrapi et Vincent Paronnaud.

Paris est souvent qualifiée de « capitale de la photographie » tant les événements y sont nombreux autour de cet art. Alors que le succès de la Maison de la photographie ne se dément pas, le Jeu de Paume, dans le jardin des Tuileries, a réouvert en 2004 pour se consacrer à la diffusion de la photographie. Les Rencontres internationales de la photographie d'Arles restent un rendez-vous majeur dans ce domaine.

Le livre a aussi, bien sûr, ses rendez-vous. Avec le Salon du livre au printemps, la « rentrée littéraire », après les vacances d'été, est l'autre moment enfiévré du monde des Lettres : c'est la sortie de la majorité des ouvrages (plus de 600) et la remise des prix, dont le Goncourt, le Renaudot et le Fémina. D'autres rendez-vous rassemblent les amoureux du livre : Étonnants voyageurs au printemps dans la cité corsaire de Saint-Malo, ou Lire en Fête (à l'initiative du ministère de la Culture) dans tout le pays.

Le Salon du livre se tient à Paris au mois de mars, au Parc des expositions. Chaque année il met à l'honneur les écrivains d'un pays « invité ». L'accès en est gratuit pour les scolaires.

Le prix unique du livre, cette spécificité française qui protège, depuis la loi Lang, le prix fixé par l'éditeur, a contribué au maintien d'un tissu de libraires indépendants qui font découvrir des écrivains originaux. Combien de temps résistera-t-il au commerce en ligne et à la concurrence des grandes surfaces ? Quels auteurs retiendra-t-on pour succéder aux Sartre, Gide ou Camus ?

Culture en ligne

En 2007, la France a mis en œuvre un plan de 2,8 millions d'euros pour accroître l'offre culturelle numérisée. Le portail généraliste www.culture.fr permet déjà d'accéder à 16 millions d'œuvres et de ressources, 30 000 organismes, 2 800 musées, 1 300 bibliothèques et 7 500 sites d'événements, ainsi qu'à des bases de données, des sites d'archéologie et des œuvres multimédias.

Côté livres, 30 000 ouvrages sont allés enrichir en 2006 la Bibliothèque numérique européenne (BNUE), en plus des 6 000 ouvrages de Gallica, le fonds numérique de la Bibliothèque nationale de France (www.bnf.fr).

L'État participe également à l'installation du numérique dans les bibliothèques publiques de France, à la numérisation du fonds de la Bibliothèque publique d'information (www.bpi.fr) et de la presse régionale et locale (www.bnsa.aquitaine.fr, www.britalis.org).

Il appuie la mise en ligne des fonds des musées (programme Videomuseum), dont www.louvre.fr (9,6 millions de visites en 2006).

Enfin, l'Institut national de l'audiovisuel (Ina), dépositaire des archives de la radio et de la télévision, procède à leur numérisation complète, ce qui en fait la première banque mondiale d'images en ligne. Les professionnels ont déjà accès à 220 000 heures d'archives en ligne (ina.fr) et le public internaute aux meilleurs moments de leurs télévisions et radios (25 000 heures en 2009).

Le Clézio, Yves Bonnefoy parfois évoqués pour le Nobel? Marie Ndiaye ou Patrick Modiano? Ou ceux qui s'accrochent en tête des palmarès des ventes?

Bouquinistes *à Lille.*

L'ouverture sur le monde

Écritures métissées, «Musiques métisses» accueillies au festival d'Angoulême, la France a le goût et la pratique de la diversité culturelle. Elle attire les artistes étrangers: ils sont aujourd'hui 25 000 à y vivre et travailler, et leur création est considérée comme française à l'étranger. C'est le cas dans la mode, le cinéma et même de la musique raï, depuis le succès de l'Algérien Khaled, *Didi!* Le dialogue interculturel va franchir un nouveau cap avec le projet d'un musée universel dans les Émirats arabes unis, le Louvre-Abou Dhabi.

Considérant que la culture est un outil privilégié pour la construction de l'Union européenne, la France organise chez elle, pendant sa présidence de l'Union au second semestre 2008, une Saison culturelle européenne qui se veut le prototype d'un nouveau programme européen. Elle est également à l'origine du Label du patrimoine européen,

Culture Sud *est une revue d'actualité et de critique. Soutenue et publiée par Cultures France, elle fait connaître les littératures d'Afrique, des Caraïbes et des îles de l'océan Indien.*

décerné par l'Union européenne pour la première fois en 2007. Ce label a distingué, en France, l'abbaye de Cluny (Bourgogne) fondée par des moines bénédictins en 910, avant d'essaimer dans toute l'Europe.

Sur la scène internationale, l'attachement de la France à la diversité culturelle l'a conduite, lors des négociations commerciales des années quatre-vingt-dix, à défendre le concept d'exception culturelle en combattant avec fermeté et d'une seule voix une vision strictement marchande des œuvres, biens et services culturels. La France peut s'enorgueillir d'avoir ainsi, suivie par un très grand nombre de pays au sein de l'Unesco, puissamment contribué à l'adoption de la Convention internationale sur la protection et la promotion de la diversité des expressions culturelles, entrée en vigueur le 18 mars 2007.

La « littérature-monde » de langue française

À l'instar de ce qui s'est passé dans les lettres anglaises au cours des dernières décennies avec la prise d'assaut du champ littéraire par les écrivains issus de l'ex-empire britannique, le paysage de la littérature française est en train de se recomposer, à son tour, avec l'entrée en scène massive des auteurs d'origines nationales et culturelles très diverses. Ces auteurs s'appellent Jonathan Littell (d'origine américaine), Assia Djebar (algérienne), Nancy Huston (canadienne), Alain Mabanckou (canadien d'origine congolaise), Lénora Miano (camerounaise), Andrei Makine (russe), Dai Sitje (chinoise), Ananda Devi (mauricienne), Amin Maalouf (libanais), Gary Victor (haïtien), Abdourahman A. Waberi (djiboutien), Raharimanana (mauricien), pour ne citer que les plus connus. Leurs œuvres qui s'appuient à la fois sur une pratique novatrice de la langue française (« malinkisation » du français, disait l'Ivoirien Ahmadou Kourouma) et sur un imaginaire bruyant, coloré, métissé où les turbulences du monde en devenir cohabitent avec les fantômes d'un passé non moins turbulent, sont en train de bouleverser le canon hexagonal et donner une nouvelle vitalité aux lettres françaises, un peu essoufflées par leur longue traversée des siècles.

Certes, dans le passé la littérature française a su souvent s'enrichir des apports des écrivains francophones venus d'ailleurs. N'a-t-elle pas accueilli en son sein des Julien Green, des Samuel Beckett, des Léopold Sedar Senghor, des E.M. Cioran ou des Eugène Ionesco ? Mais le phénomène s'est amplifié au cours des dernières années. L'année 2006 a été un tournant avec cinq prix littéraires sur sept remportés par des écrivains francophones, incitant les observateurs à parler de la naissance d'une « littérature-monde en français » qui est le titre d'un manifeste paru dans *Le Monde* du 16 mars 2007 et signé par une cinquantaine d'écrivains et éditeurs. « Littérature-monde, écrivent-ils, parce qu'à l'évidence multiples, diverses, sont aujourd'hui les littératures de langue française de par le monde, formant un vaste ensemble dont les ramifications enlacent plusieurs continents. (...) C'est à la formation d'une constellation que nous assistons, où la langue libérée de son pacte exclusif avec la nation (française), libre désormais de tout pouvoir autre que ceux de la poésie et de l'imaginaire, n'aura pour frontières que celles de l'esprit. » (Tirthankar Chanda).

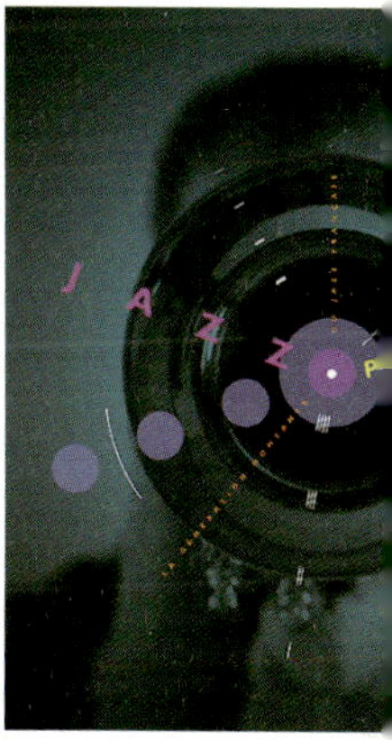

Les compagnies 111 et Käfig explorent les chemins du Hip-Hop et de l'acrobatie. Le programme Jazz Primeur est consacré aux jeunes talents du jazz français.

Les médias

Le paysage médiatique français connaît tous les bouleversements rendus inéluctables par les évolutions technologiques. L'internet a fait naître de nouveaux besoins qui obligent tous les médias à se repositionner et à se diversifier. Les modes de consommation s'en trouvent durablement modifiés : à l'ère de l'internet « 2.0 », l'individu est entré dans un rapport au média fondé sur la participation et l'échange (forums, *blogs* et autres *chats*) qu'il attend de tous les supports. Les médias historiques ont donc rapidement adapté leurs contenus en créant des espaces participatifs (tribune et forums de débat en presse, libre antenne en radio, télévision personnelle, etc.). Dans le même temps, la fidélité de l'individu à son journal, à sa chaîne de télévision ou à sa radio sur laquelle se sont bâties les marques médias, est remise en question par des individus surexposés qui multiplient leurs sources, croisent les informations, arbitrent leur temps – et donc leurs choix médias – et n'hésitent pas à consommer simultanément plusieurs supports. Face à ces évolutions générales, les principaux groupes médias français (*Bouygues* en télévision, *Lagardère* ou *NRJ* en radio, etc.) ont bien compris que les marques « historiques » telles que TF1, Europe 1, NRJ, etc. étaient une force : pour les groupes qui les possèdent, elles constituent de véritables « points de repère » dans le paysage médiatique, qui sont

Kiosque parisien.

La Maison de la radio, *ou Maison de Radio France. Le bâtiment fut inauguré par Charles de Gaulle en 1963. Radio France est une société de service public, la première entreprise de radio de France, avec sept stations et la plus forte audience.*

des gages de leur pérennité. C'est de leur savoir-faire en matière de contenus et de leur capacité à les décliner au travers d'un grand nombre de vecteurs que dépend leur avenir.

Ces évolutions menacent particulièrement la presse écrite. La répartition du lectorat français est des plus singulières en Europe : même si un numéro moyen de la presse quotidienne est lu par près d'un Français sur deux, ils en sont les plus faibles consommateurs d'Europe. En revanche, la France est le pays de la presse magazine : chaque mois 97 % des Français en lisent au moins un,

Le groupe *Lagardère* : un des leaders mondiaux des médias

Les évolutions récentes du groupe *Lagardère*, implanté dans plus de quarante pays, sont emblématiques de la création d'un grand groupe de communication à l'heure du numérique et de la convergence des médias. Avec le retrait progressif de son engagement dans les hautes technologies (*groupe EADS*), *Lagardère* a entamé une nouvelle mutation stratégique de son histoire. En 2006, *Lagardère Media* a marié ses activités dans la presse magazine (*Hachette Filipacchi Médias* : plus de 260 magazines et quotidiens grand public en France et à l'étranger) et l'audiovisuel (*Lagardère Active SAS* : radio, télévision thématique, production et distribution audiovisuelles, régie publicitaire et nouveaux médias) afin de constituer un pôle performant de production dans le domaine du numérique : *Lagardère Active*. Pour ce qui est des contenus, sa stratégie a été renforcée en particulier dans le domaine sportif par l'acquisition de *Sportfive* (leader de la gestion des droits marketing et audiovisuel sportif) et de *Newsweb* (producteur et diffuseur de contenus masculins sur internet). Elle s'est accélérée dans la monétisation des audiences internet et dans la capacité à développer le trafic des sites avec les rachats d'*ID Régie* (régie publicitaire qui commercialise les espaces d'une trentaine des principaux sites de commerce en ligne français) et de *Nextedia* (agence de publicité interactive).

et en moyenne près de sept différents! Malgré ces chiffres surprenants, la situation de la presse payante ne cesse de se dégrader et la baisse de son chiffre d'affaires oblige les éditeurs à diversifier leurs activités, notamment sur internet. La presse quotidienne (11 titres nationaux et 54 régionaux) est dominée par le quotidien régional *Ouest France*, les principaux titres nationaux étant le quotidien sportif *L'Équipe*, suivi des quotidiens d'information *Le Figaro* et *Le Monde*. La presse de télévision, emmenée par *TV Magazine*, forme la plus puissante famille de magazines; elle est suivie par la presse féminine, tirée par *Femme Actuelle*. La presse féminine «haut de gamme» (*Elle*, *Marie-Claire*, *Marie-France*) est une grande originalité française: forte de son savoir-faire en matière de mode et de beauté, elle a réussi à décliner sa marque aux quatre coins du globe (ainsi *Elle* dans 44 pays). Depuis 2005, la presse payante doit faire face aux gratuits: puissants parmi les quotidiens, émergents en magazine, ils connaissent une progression rapide de leur chiffre d'affaires (+ 25% en un an).

L'offre radiophonique s'adapte plus rapidement. Entre radios libres et stations de service public de *Radio France*, l'auditeur français peut accéder à près de cinquante programmes en Île-de-France et vingt dans les grandes villes de province. Avec le passage de la diffusion analogique au numérique, toutes les stations pourront être diffusées plus facilement et à moindre coût sur l'ensemble du territoire, instaurant de nouvelles situations concurrentielles entre les antennes. Fortement attaqués par les supports numériques, notamment auprès de leurs plus jeunes auditeurs (téléchargement de musique, dialogue en direct, etc.), les principaux groupes de radio (*Lagardère*, *NextRadio*, *NRJ*, *RTL*) ont été, parmi les médias traditionnels, les premiers à réagir. Ils ont créé des sites internet multithématiques, des blogs, ont investi la télévision et la téléphonie mobile et diffusent leurs programmes *via* internet (*streaming*) ou au travers des *podcasts* (téléchargement). La diffusion numérique en 2008 devrait leur permettre d'enrichir encore leur proposition radio en ouvrant des possibilités, par exemple, de consommation en différé, à la demande, ou encore d'accompagner le son par des images ou des textes.

Si *Google* est de très loin le site le plus visité de France, il faut noter les succès des sites de *TF1*, de *Skyrock*, radio qui a créé une des premières plateformes mondiales de blogs ou encore de *Auféminin.com*, site indépendant qui a devancé, auprès des femmes, tous les sites de la presse magazine féminine pourtant particulièrement bien implantée en France.

L'ouverture en 1981 des **radios libres** a permis que soient exploitées en France près de 6000 fréquences (dont 40% par les stations de service public de *Radio France*). Le Royaume-Uni et l'Allemagne en exploitent respectivement 2000 et 2500.

Le journal de France 24.

France 24 : la chaîne française d'information internationale

Le président Chirac avait ce projet particulièrement à cœur : communiquer, à travers le monde, un regard et une sensibilité français sur l'actualité internationale. Issue d'un partenariat original entre *TF1*, première chaîne privée française, et *France Télévisions*, groupe d'audiovisuel public, *France 24* a été lancée en décembre 2006. Elle est diffusée aujourd'hui dans plus de 90 pays : Europe, Proche et Moyen-Orient, Afrique, New York et Washington DC et d'ici trois ans également en Asie/Pacifique, Amérique du Nord et Amérique du Sud. C'est la première chaîne française d'information internationale en continu. Grâce à une équipe de 200 journalistes, de 34 nationalités différentes, elle propose ses programmes en français, en anglais et en arabe, bientôt en espagnol. Gratuite et en clair, la chaîne est présente sur les plateformes numériques (satellite, câble, ADSL) et sur internet avec un site trilingue. *France 24* dispose de moyens et d'une équipe qui garantissent son indépendance éditoriale et lui permettent de proposer images et reportages inédits. Elle cible les leaders d'opinion grâce à une approche de l'information qui se veut respectueuse des diversités et attentive aux différences et aux identités politiques et culturelles. La création de *France 24* pose néanmoins la question de l'organisation actuelle de l'audiovisuel extérieur français. Bernard Kouchner, ministre des Affaires étrangères, déclarait à la conférence des ambassadeurs en août 2007 qu'il souhaitait aboutir rapidement « à une proposition concertée d'architecture qui rapproche TV5, France 24 et RFI, et les mobilise vers de nouveaux objectifs, tels qu'un grand portail internet commun ». Au-delà de l'optimisation des ressources nécessaires à son fonctionnement, l'ambition est bien de garantir la création d'un « audiovisuel extérieur français puissant ».

En ce qui concerne la télévision, l'éclatement de l'offre, 244 chaînes (États-Unis 440, Royaume-Uni 416, Allemagne 93), érode la suprématie des chaînes « historiques » (trois chaînes privées : *TF1*, *Canal Plus*, *M6* et quatre chaînes publiques : *France 2*, *France 3*, *Arte/La 5e*) qui concentrent 82 % de l'audience. Les plateformes câble depuis 1985, puis satellite depuis 1992, ont conquis, grâce à 150 chaînes thématiques, près de 30 % des Français. Elles sont pourtant aujourd'hui confrontées à une concurrence nouvelle au travers de la télévision numérique terrestre. Lancée en 2005, la TNT a permis aux Français qui ne souhaitaient pas souscrire à une offre payante d'accéder à dix-huit chaînes gratuites auxquelles s'ajoutent des chaînes locales. La TNT connaît depuis son lancement un succès rapide, proportionnel à l'élargissement de la zone de réception du signal numérique. L'extinction du signal analogique est prévue pour 2011.

*Grâce à **la TNT**, les téléspectateurs français peuvent capter gratuitement dix-huit chaînes nationales.*

Graffiti lumineux de Marko 93.

Les auteurs

Le territoire

Jacques Scheibling, *agrégé de géographie*

Histoire et mémoire

Benoît Falaize, *agrégé d'histoire*

Les institutions et la vie politique

Bernard Dolez, *professeur de droit public à l'Université de Nantes*

La France et le monde

Yves Doutriaux, *diplomate*

Un tableau de l'économie française

Mélina Gazsi, *journaliste*

La population et la société

Julien Damon, *sociologue (Centre d'analyse stratégique)*

Le système scolaire

Jean-Paul Delahaye, *inspecteur général de l'Éducation nationale et professeur associé à l'Université Paris V*

Les formations supérieures, la recherche, l'innovation

Emmanuel Thévenon, *journaliste*

La culture

Monique Perrot-Lanaud, *journaliste*

Les médias

Didier Beauclair, *journaliste*

Crédits photographiques

Voici la France

6-7	Ministère des Affaires étrangères et européennes (MAEE) – *Photo: Frédéric de La Mure*
8 (1)	MAEE – *Photo: Frédéric de La Mure*
8 (2)	Ministère de l'Agriculture – *Photo: Xavier Remongin*
8 (3)	MAEE – *Photo: Frédéric de La Mure*
8 (4)	Région Languedoc-Roussillon
9 (1)	MAEE – *Photo: Frédéric de La Mure*
9 (2)	MAEE – *Photo: Frédéric de La Mure*
9 (3)	Aéroports de Paris, ADP
9 (4)	École Polytechnique – *Photothèque*
10 (1)	Dassault
10 (2)	MAEE – *Photo: Frédéric de La Mure*
10 (3)	MAEE – *Photo: Frédéric de La Mure*
10 (4)	MAEE – *Photo: Y-J.* Chen
10 (5)	Ministère de l'Agriculture – *Photo: Pascal Xicluna*
11 (1)	MAEE – *Photo: Frédéric de La Mure*
11 (2)	MAEE – *Photo: Frédéric de La Mure*
11 (3)	MAEE – *Photo: Frédéric de La Mure*
11 (4)	MAEE – *Photo: Frédéric de La Mure*
12 (1)	MAEE – *Photo: Frédéric de La Mure*
12 (2)	La Documentation française – *Photo: Samuel Bollendorff / L'œil public*
12 (3)	MAEE – *Photo: Frédéric de La Mure*
12 (4)	MAEE – *Photo: Frédéric de La Mure*
12 (5)	SNCF, CAV – *Photo: Fabbro Urtado*
13 (1)	MAEE – *Photo: Frédéric Eberhardt*
13 (2)	MAEE – *Photo: Nicole Chabard*
13 (3)	MAEE – *Photo: Y-J.* Chen
13 (4)	MAEE – *Photo: Frédéric de La Mure*
14	France 24

Le territoire

16-17	Conseil général de l'Hérault – *Photo: Tony Lacoponelli*
18	MAEE – *Photo: C.* Stefan
19	Ville de Besançon
21h	Conseil général de la Haute-Corse
21b	MAEE – *Photo: Frédéric Eberhardt*
22h	Office de tourisme de Colmar – *Photo P.* Passariello
22b	Ville de Toulouse, STC
23h	Conseil général du Tarn et Garonne – *Photo: J Maume*
23b	MAEE – *Photo: Frédéric Eberhardt*
24h	MAEE – *Photo: Nicole Chabard*
24b	MAEE – *Photo: Frédéric de La Mure*
25	Metz Technopôle
27	MAEE – *Photo: Frédéric de La Mure*
29	Région Languedoc-Roussillon
31	SNCF-CAV – *Photo: Christophe Recoura*

Histoire et mémoire

32-33	MAEE – *Photo: Frédéric de La Mure*
34h	La Documentation française
34b	La Documentation française
35c	Réunion des musées nationaux – *Photo: Bulloz*
35g	Réunion des musées nationaux – *Photo: Harry Bréjat*
35d	Réunion des musées nationaux – *Photo: Franck Raux*
36g	La Documentation française
36c	Réunion des musées nationaux – *Photo: Bulloz*
36d	Réunion des musées nationaux – *Photo: Hervé Lewandowski*
37g	Réunion des musées nationaux – *Photo: Hervé Lewandowski*
37c	MAEE, Archives
37d	Réunion des musées nationaux – *Photo: Hervé Lewandowski*
38h	La Documentation française
38c	La Documentation française
38b	Rennes, Distribution RMN – *Photo: Adelaïde Baudoin*
39hg	MAEE, Archives
39hc	MAEE, Archives
39hd	La Documentation française – *Photo: Présidence de la République*
39b	La Documentation française
43	MAEE – *Photo: Frédéric de La Mure*

Les institutions et la vie politique

44-45	MAEE – *Photo: Frédéric de La Mure*
46	La Documentation française
47	Présidence de la République
48g	La Documentation française – *Photo: Jean-Marie Marcel*
48c	La Documentation française – *Photo: François Pagès / Paris-Match*
48d	La Documentation française – *Photo: Jacques-Henri Lartigue*
49g	La Documentation française – *Photo: Gisèle Freund*
49c	La Documentation française – *Photo: Bettina Rheims*
49d	La Documentation française – *Photo: Philippe Warrin*
50	La Documentation française – *Photo: services du Premier ministre*
51	La Documentation française – *Photo: services du Premier ministre*
53	MAEE – *Photo: Frédéric de La Mure*
54	MAEE – *Photo: Frédéric de La Mure*
55	MAEE – *Photo: Frédéric de La Mure*
58	La Documentation française
61	MAEE – *Photo: Frédéric de La Mure*

La France et le monde

62-63	MAEE
65	MAEE
66h	Commission européenne
66c	Commission européenne
67b	Ville de Strasbourg – *Photo: Bernard Henry*
67b	La Documentation française – *Photo: Danièle Taulin-Hommell*
68	Ville de Strasbourg – *Photo: Bernard Henry*
69	Organisation des Nations Unies, ONU
70g	MAEE – *Photo: Jorge Aramburu – UNIFIL*
70c	Sirpa terre – *Photo: Adc Olivier Dubois*
70d	MAEE – *Photo: Frédéric de La Mure*
73h	MAEE – *Photo: Frédéric de La Mure*
73b	MAEE – *Photo: Frédéric de La Mure*
74h	MAEE – *Photo: Frédéric de La Mure*
74b	Cultures France
75	MAEE

Un tableau de l'économie française

76-77 La Documentation française – *Photo: Jean-Charles Pinheira*
78 Louis Vuitton – *Photo: Stéphane Muratet*
82 La Documentation française – *Photo: Jean-Christophe Martineau / Editing*
83 MAEE – *Photo: Frédéric de La Mure*
84 MAEE – *Photo: Frédéric de La Mure*
85 Groupe Carrefour – *Photo: Jean-Erick Pasquier*
86 Aéroports de Paris, ADP
87 Alstom
88 La Documentation française – *Photo: Philippe Guignard*
89 MAEE – *Photo: Frédéric de La Mure*
91 Ubisoft

La population et la société

92-93 MAEE – *Photo: Frédéric de La Mure*
94 MAEE – *Photo: Frédéric de La Mure*
95 MAEE – *Photo: Frédéric de La Mure*
96h MAEE – *Photo: Frédéric de La Mure*
96b MAEE – *Photo: Frédéric de La Mure*
99h Ubisoft
99b Agence nationale pour l'emploi, ANPE
100h Agence nationale pour l'emploi, ANPE
100b MAEE – *Photo: Frédéric de La Mure*
101 MAEE – *Photo: Frédéric de La Mure*
102 La Documentation française – *Photo: Yves Soulabaille – Jean-Paul Houdry*
103 La Documentation française – *Photo: Philippe Guignard*
106 La Documentation française – *Photo: Olivier Pasquiers / Le bar Floréal*
107 MAEE – *Photo: Frédéric de La Mure*

Le système scolaire

108-109 La Documentation française – *Photo: André Lejarre / Le bar floréal*
110h Musée national de l'Education, INRP, Rouen
110b La Documentation française – *Photo: Denis Darzacq*
111 MAEE – *Photo: Frédéric de La Mure*
112 Ministère de l'Education nationale
113 La Documentation française – *Photo: Michel Bénichou*
114h La Documentation française – *Photo: Didier Le Scour*
114b La Documentation française – *Photo: Samuel Bollendorff / L'œil public*
117 MAEE – *Photo: Françoise Reynette*

Les formations supérieures, la recherche, l'innovation

118-119 Ministère de l'Economie et des Finances
120 MAEE – *Photo: Frédéric de La Mure*
121 Université Lyon 2
122h MAEE – *Photo: Frédéric de La Mure*
122b Campus France
123 MAEE – *Photo: Frédéric de La Mure*
124 Centre national de la recherche scientifique, CNRS – *Photo: C Lebedinsky*
125g Centre national de la recherche scientifique, CNRS – *Photo: Joël Savarino*
125d Centre national de la recherche scientifique, CNRS – *Photo: Nicolas Espurt*
126g Commissariat à l'énergie atomique, CEA – *Photo: P.* Delbourgo
126d Institut national de recherche en informatique et automatique, INRIA – *Photo: Jim Wallace*
128 Total – *Photo: Marco Dufour*
129h Cosmétic Valley
130 École Polytechnique – Photothèque
131 Commissariat à l'énergie atomique, CEA

La culture et les médias

132-133	MAEE – *Photo : Frédéric de La Mure*
134	MAEE – *Photo : Frédéric de La Mure*
135h	Centre national du livre – *Visuel : Atelier avec vue*
135b	Ville de Strasbourg – *Photo : Christel Mauve*
137	MAEE – *Photo : C.* Stefan
138h	MAEE – *Photo : Frédéric de La Mure*
138b	Musée du quai Branly – *Photo : Nicolas Borel*
140h	Ville de Bordeaux – *Photo : Thomas Sanson*
140b	Mairie de Lille, SICN – *Photo : Daniel Rapaich*
141h	MAEE
141b	MAEE – *Photo : Frédéric de La Mure*
142h	Rebels Production - TFM Distribution
142b	MAEE – *Photo : Frédéric de La Mure*
143	MAEE – *Photo : Frédéric de La Mure*
144	Cultures France
145g	Cultures France, Compagnie 111 – *Photo : Aglaé Bory*
145c	Cultures France, Compagnie Käfig – *Photo : Michel Cavalca, KR Images Presse*
145d	Cultures France, Jazz Primeur – *Photo : Alain Choukroun*
145b	MAEE – *Photo : Frédéric de La Mure*
146	Radio France – *Photo : Christophe Abramowitz*
148	France 24
149	Marko-93.com

Direction d'ouvrage : Dany Bataille
Edition et coordination : Ninon Bruguière
Création graphique : Monique Sacrez
Mise en page : Jean-Jacques Tomasso
Iconographie : Jacky Guindet
Infographie : Studio Différemment
Relecture : Brigitte Dufour
Fabrication : Martine Degrain

Achevé d'imprimer par Corlet, Imprimeur, S.A. - 14110 Condé-sur-Noireau
N° d'Imprimeur : 111093 - Dépôt légal : avril 2008 - *Imprimé en France*